U0517786

张宇微◎著

引爆你的
创意短视频

DETONATING
YOUR CREATIVE
SHORT VIDEO

中国水利水电出版社
www.waterpub.com.cn
·北京·

内 容 提 要

《引爆你的创意短视频》从用户心理角度出发，从短视频的账号定位、标题封面、影响完播率和互动率的因素等多维度入手，详细讲解短视频的引爆技巧及传播逻辑；同时通过大量的案例剖析，帮助读者深入理解、消化和运用学过的理论知识，为爆款短视频制作提供理论支撑和运营指导依据。

《引爆你的创意短视频》共9章，分别讲解了通过差异找准账号定位、锁定观众的8种方法、提升完播率的技巧、提升互动的方法、激发粉丝点赞和转发的技巧、做到完成度高的几个原则、快速制作短视频的方法、爆款视频的脚本拆解和短视频变现方法剖析等内容。

《引爆你的创意短视频》语言通俗易懂，摒弃生涩难懂的专有名词，让小白也能轻松入门。本书不仅适合初入门抖音、快手和B战等短视频平台的运营人员、短视频编导，还适合想要转型短视频行业的人员，以及致力于靠短视频平台突围的中小型企业。

图书在版编目（CIP）数据

引爆你的创意短视频 / 张宇微著. -- 北京 : 中国水利水电出版社, 2021.10

ISBN 978-7-5170-9803-4

Ⅰ. ①引… Ⅱ. ①张… Ⅲ. ①网络营销 Ⅳ. ①F713.365.2

中国版本图书馆CIP数据核字(2021)第151852号

书　名	引爆你的创意短视频 YINBAO NI DE CHUANGYI DUAN SHIPIN	
作　者	张宇微 著	
出版发行	中国水利水电出版社 （北京市海淀区玉渊潭南路1号D座　100038） 网址：www.waterpub.com.cn E-mail: zhiboshangshu@163.com 电话：（010）62572966-2205/2266/2201（营销中心）	
经　售	北京科水图书销售中心（零售） 电话：（010）88383994、63202643、68545874 全国各地新华书店和相关出版物销售网点	
排　版	北京智博尚书文化传媒有限公司	
印　刷	北京富博印刷有限公司	
规　格	170mm×230mm　16开本　12.25印张　192千字	
版　次	2021年10月第1版　2021年10月第1次印刷	
印　数	0001—4000册	
定　价	59.80元	

前　言

"我的妈呀，没花一分钱、才发出去不过几个小时，就 45 万播放量。"我像杀红了眼的勇士一样，瞪大眼睛、喘着粗气，看着老板在公司群内的感叹，满脑子只有一句话："真过瘾！"

提到短视频，大多数人都会纠结于拍摄技巧、头像设计、表演能力、产品选择、推广方法、直播技巧等，而对短视频脚本内容创作本身却不太重视。甚至在短视频行业，还流传着这样一句话"日常作品能不能火，主要看命"。

而现实是超 99% 的新账号在起步时，最快捷、最直接的引流手段就是短视频的内容。换句话说，短视频内容创作是一个账号的基石。它不仅决定了你这个账号的定位、粉丝属性，还决定着你这个账号未来的变现手段以及推广费用。一位优秀的短视频内容创作人员，能够帮助你节省数十万元甚至数百万元的推广费用。

这可不是危言耸听，在短视频平台爆火初期，笔者的团队曾做过测试。A 账号不发布短视频作品，每日坚持直播 + 直播推广，B 账号每周坚持发布高质量原创短视频作品。一个半月下来，A 账号花掉推广费用共计 45000 元，粉丝数还不到 800，B 账号花掉推广费用共计 240 元，但粉丝数达到 1 万以上。

答案显而易见，在短视频平台上，能够赢到且赚到的只有两类企业：第一类，有足够的资金储备，可以聘请高级带货主播（颜值高、懂产品、懂销售、有才艺、擅长表达），可持续购买大量优质的流量；第二类，有足够优秀的内容创作功底，通过发布短视频内容积累精准粉丝，从而进行变现探索。

很显然，大多数企业都不属于第一类，他们更多都渴望成为第二类，也只有这种方式是最踏实、最保本的。在本书中，笔者将一字一句地从零投放、发布一小时后达到 45 万 + 播放量、投放数小时后播放量飙升到 100 万～150 万的短视频内容创作心得毫无保留地分享给读者。

读完这本书，不要再用"没意思""没新意""表演差点儿意思"这类词汇来形容你的短视频内容，这些词语并不能帮助你吸引精准客户，因而也不能为后续变现做铺垫。短视频作品发布后没有流量，无非是以下这5个方面出现了问题：

（1）寻找差异。

（2）欲望激发。

（3）设置意外。

（4）引发不服。

（5）撩起共振。

明确了问题所在，相信你离获取大量精准客户就只剩"实践练习"这一步了。快快动手实践吧！

目　录

寻找差异：7种实用方法，搞定账号定位

短视频平台本质上是一个娱乐场，每个人的时间都是有限的，他只想关注自己感兴趣的内容，购买自己真正需要的东西。所以，做好短视频内容的第一步，就是找到让人一下子就能记住你的那个最鲜明的特点。而这个特点，就叫差异。

这并不是一件容易的事，你必须反问自己：我最突出的特点到底是什么？会烹饪？会唱歌？那你能比得上五星级大厨？还是能唱过专业歌手？为什么大家要在短视频平台上花费10～60秒看你这个普通人？

在百花齐放、百家争鸣的时代和平台里，单单展现自己最优秀的那一面已经不足以出彩。你必须变得特立独行，思考方式出其不意，才能一登场就吸引众人目光，让人久久难忘。

在本章我为你准备了7种打造差异化的方法，都是百试不爽的。一起来看看吧！

1.1 将擅长的事情做到极致

你最擅长的事情是什么？比如有以下几种。

烹饪：法餐、中餐、意餐……

舞蹈：现代舞、爵士舞、肚皮舞……

唱歌：通俗、民族、美声、原生态……

写字：毛笔字、硬笔书法……

语言：英语、俄语、日语、法语……

大多数人在进行短视频内容创作时，都会选择将自己最擅长的事情做一遍、录下来就发上去。然后听天由命，不断反问自己"我命如此？"

下面，请从创作者的角色中抽离出来，然后问自己一个问题：如果我要学习烹饪、舞蹈、唱歌、写字、语言会去哪里？没错，大多数情况下会选择这些门路：①去专业的培训机构付费学习；②打开视频 APP 找名家的视频学习；③打开电视找相关的节目学习；④找对应的 APP 学习。所以，你知道为什么你发出去的短视频作品无人问津了吧？

并不是说你做得不专业，而是在信息极其多元化的今天，大众总能通过各种渠道找到一位在自己所感兴趣的领域中最专业、最精通、最著名的人去学习。这时，如果你也想分一杯羹，在新兴的短视频平台获得粉丝，甚至是精准客户，那就必须将擅长的事情做到极致。

1.1.1　什么叫将擅长的事情做到极致

什么叫将擅长的事情做到极致？在揭开谜底之前，先和你来聊两个小故事。

故事一：有个小姑娘，特别擅长用刀削东西。于是，她尝试将削东西的过程录制成视频。如果只是普通的削削苹果、削削梨子、削削猕猴桃什么的，相信大多数人都不感兴趣。看了可能还会说一句：谁不会削皮呀？而这个小姑娘可不一样，她不但削过榴莲、鸡蛋、软石榴这些匪夷所思、感觉根本无法削的东西，而且削下来的皮还不会断。每一条视频，都是一气呵成，削下来的皮一整串完好无损，长达 1～2 米，甚至更长。没错，如果你经常刷快手，相信你一定已经知道这个小姑娘是谁了。

故事二：有一位医生奶爸，为了给孩子进行医学启蒙，尝试为水果治病、手术，并将整个过程录制成视频，上传到短视频平台后瞬间吸引无数粉丝。我相信，就算我不说你也知道这是谁了。晦涩难懂的医学知识，就这样以有趣、生动、形象的方式被传递出来。不仅能对孩子进行医学启蒙，就连成年人看了，也直呼"有意思、长知识"。

到这里，想必你一定对"将擅长的事情做到极致"这句话有了全新的认知。它并不是要求你将某个专业领域的知识积累得多么雄厚，而是恰到好处地找到别人做不到，而你却又能轻而易举做到的那个点，并且一直持续下去。

这么说可能有些抽象，在探索了 200 多条短视频账号爆火的秘密后发现，想要将擅长的事情做到极致，其实一点儿都不难。只要掌握了方法，每一个人身上，其实都能找到那个优于常人的方面，进而创作出播放超 10 万、100 万的爆款视频。那么，你想获得这个方法吗？

1.1.2　做到极致的方法有哪些

很多时候我们面临的问题是：我擅长的事情，还有更专业的人也很擅长。那你该如何向大众证明，你做到了极致呢？不妨在做这件事情时思考一下，是否有异于常人的特别之处呢？比如，同样是打乒乓球，专业选手会运用各种技巧，拿高分为国增光。而你却可以用头、用关节打乒乓球，或者将专业的乒乓球知识绘制成漫画、编撰成小故事、拆解成小步骤，让人在 10 秒内就学会一招。这些都是你独特的优势，也是将擅长的事情做到极致的表现。

有句话说得好："天生我材必有用。"只要你仔细挖掘，就一定能找到与 99.9% 的人不尽相同的特点。那么问题来了，我们该如何挖掘自身擅长的事情中的特别之处呢？以下 5 种方法，希望能够带给你一些启示。

找"最"： 创业圈流传着这样一句话："要想公司快速突围，就要学会单点突破，先做细分赛道龙头。"其实，这句话在短视频内容创作初期，尤其是账号定位阶段同样适用。找到你所擅长的事情之后，不妨把心思用在寻找"最"上边，看一看你能做到哪个"最"字。例如，最大、最小、最全、最美、最多、最有趣、最罕见、最离奇、最省钱、最便利、最快、最容易、最精致……赶快开动你的大脑吧！

嫁接生活： 当然，对于一些冷门手艺人、高雅音乐的制作人、特殊专业的学术人来讲，自己所擅长的事情或专业的学术知识与大众生活并不贴近，或者说大众很难一看就懂。这时该怎么办呢？其实 @ 水果医生已经给出了答案，就是：嫁接生活。发挥你的想象力，将你所擅长的事情或专业的知识与当下生活相结合，是你要思考的重点，做到：既可以让大家在现实生活中看得见、摸得着，又可以提高知识储备、陶冶情操，就赢了。比如说，擅长维修电器的老师傅，通过废物利用教大家如何制作小手电、小电视、小音箱，甚至制作简单的小机器人；古乐器演奏者，可以用古乐器演奏现代流行歌曲；绘画大师，教大家用蔬菜或蔬菜汁作画，拯救不爱吃饭的孩子；养生专家或专业按摩师，教大家居家跳养生舞，教白领颈椎、腰椎、脊柱自救操……总之，将擅长的事情做到极致就需要将你的擅长领域、专业知识和生活紧密相连。

特点混搭： 如果前两种方法都不适用，那么，可以考虑，有没有两三件比较擅长的事情、专业领域或明显的特征呢？例如，擅长舞蹈同时又擅长写毛笔字，就可以将二者融合，展示一边跳舞一边写大字；擅长做饭又擅长色彩搭配，就可以展示多彩的美食，每天变着花样做菜、搭配菜品颜色，做到色香味俱全、摆盘如画——做出来的菜可以摆成动画人物形象的样子，让孩子和家人一看就爱上；懂历史又喜欢旅行，就可以边旅行边讲解其中的历史故事和人情风貌；懂物理又能讲生活道理，就可以通过小实验＋生活道理吐露的方式传递知识……怎么样？是不是感觉思维一下子就活络起来啦？

知识拆分和简化： 有很多创作者自身知识储备非常雄厚，但发布短视频作品后却很少人问津，这主要是认知差所造成的。 很多晦涩难懂的专业术语以及你所认为浅显易懂的内容，到了大众眼前就瞬间变成了外星语言。 如果你想成为一名知识型的创作者，那么就需要具备将知识点进行拆分、简化的能力，最好做到一条 10～30 秒的视频内容只传递一个小知识。 这样，你所表达的内容才能被大众直观且快速地吸收。 例如，你想教大家学英语，就需要将单词、音标，拆分成若干个模块进行教学；你想教大家做红烧肉，就需要从选肉、备料、炒菜的时间、动作这些方面教起；你想教大家掌握中华历史，就需要将历史知识按照时间、人物或事件等多角度进行拆解，然后输出。 一定要确保你所传递的知识更易懂、更实用、更能让大众一看就记住，这在无形之中也填补了一些专业大咖教学当中的空白，也是一种将擅长的事情做到极致的表现。 不妨试试吧。

找"趣味"： 很多短视频内容创作者，尤其是教育机构的内容创作者，在策划制作作品时总是想着做得要专业、输出的知识量要多、信息量要大，这种想法难免有失偏颇。 如果你走到大街上去问路人想不想掌握感兴趣的知识？想不想学一门手艺？相信 99% 的人都会说："想。"但为什么还是有那么多人没有获得学历或考取证书、没有学到手艺、没有掌握知识呢？归根结底不是他们能力有问题，而是知识本身太枯燥，学着学着就会让人产生放弃的念头。 那么，如果你能够找到其中的乐趣，并将这种乐趣放大、呈现出来，相信一定会收获不少的追随者。 例如，@a 逗老师就是一名有趣的英语教师，他总能在英语单词中发现出其不意的梗；明星杨幂讲解数学知识幂的视频；将化学方程式、数学知识、诗词编成喊麦词和顺口溜的视频……这些都是在知识中发现趣味并植入趣味的典范。

1.1.3　成功关键：基本功过硬且持续热爱

现在请闭上眼睛，回忆一下让你眼前一亮或久久难忘的短视频作品，是不是都用到了将擅长的事情做到极致的 5 种方法？这些方法看似很简单，但为什么还是有很多人在进行短视频内容创作时想不到、做不到呢？

答案很简单，因为"不够爱"。

想要通过上述 5 种方法告知大众"我将我的擅长做到了极致"，就必须具备两个前提：第一，我擅长的事情或研究的专业领域就是我深爱并且要奋斗终身的；第二，我喜欢并渴望通过短视频这种方式将这些内容传递出来。二者缺一不可。

我们不得不直视一个问题：很多人在进行短视频内容创作时，只是为了完成领导交代的任务或只是为了赚钱。而自己擅长的领域、研究的专业，也是当年父母给选择的或只是在某种情况下被迫选择的谋生手段。这种想法非常可怕。要知道，短视频平台本身是一个娱乐场，而且呈现的都是画面和声音，在镜头下你的表情、心情都会被一览无余。如果你无法乐在其中，又怎能说服大众关注你，跟你一起学习，甚至付费购买你的服务呢？

来做个游戏吧！把自己想象成第一位踏入全新星球的探索者，用第三方的视角重新审视自己和自己擅长的领域，试着做做下面这些事情。

找出一两件自己最擅长的事情，并且找到做这件事时与常人不一样的地方。

用你擅长的事情或专业知识解释你生活中发生的事情，以及为生活增添的乐趣和便利。

用家人能听懂的语言讲述你擅长的事情或专业。

将你擅长的事情或专业与社会热点相结合，或者用你擅长的事情或专业解释和模拟热点事件。

在做这些事情之前，先拍拍自己的脑袋，活动活动身体，喝一杯凉白开，跳一跳，让自己兴奋得像个孩子，用如饥似渴的感觉进行探索。记录下每一个新发现，以及和家人沟通的过程和周围人对你的回应。

这时你会惊奇地发现：原来我懂这么多，原来这么有意思，原来专业的事情也能讲得这么通俗。你擅长的以及能做到的"最"、你擅长的事情或专业与生活的契合点、你最鲜明的特征等全都跃然纸上。

恭喜你，已经找到了最擅长的事情，并且发挥到了极致。同时，你也完成了为自己短视频账号的早期定位。

1.1.4 实践练习：找出你的闪光点

如你所见，找出自己的闪光点并将它发挥到极致，就有可能吸引数万人甚至数百万人的浏览和关注，闪光点也就是擅长之处，这并不是一件难事。这个能力想不想马上拥有？那就赶紧跟我一起，再来做个游戏吧！试着找出你最擅长的事情或专业领域，然后用本章所讲的"将擅长的事情做到极致"的 5 种方法，来证明你将擅长的事情做到了极致。

还是不会？现在请闭上眼睛，按顺序回答下列问题。

a. 有哪件事或哪些事，是你钻研时间最长或者从事时间最长的？ b. 你做这件事的时候，与别人哪里不一样？ c. 如果让你把怎么做这件事情的方法教给陌生人，你会怎么做？ d. 你做的这件事，能给生活带来什么？

思考清楚上述问题并且付诸实践的人，都会收获大量粉丝。例如：

擅长做饭又擅长讲爱情故事的 @ 小猪有点饿。

擅长做咖啡又能搞笑，总会在工作中找到乐趣的 @ 李不拿铁。

懂得法律知识、毒品知识，又喜欢演绎、搞笑、讲故事的 @ 新疆禁毒。

这样的例子简直不胜枚举，如果你还是对"将擅长的事情做到极致"这句话理解得不够深刻，建议你多去翻一翻这些账号发布的视频，相信你一定会耳目一新。

Tips

> 所谓将擅长的事情做到极致，只是找到一件你真正擅长的事情并坚持下去还不够，还要在此基础上进行微创新，从而达到让人眼前一亮的感觉，这样一直坚持下去才会有效果。

1.2　将劣势转化成优势

在购物时，你是否也有过这样的感受：当一位伶牙俐齿、反应机敏的推销员和你攀谈时，总会感到一种无形的压迫，大多数情况下都会留一个心眼，总觉得这个人是想要急于把商品卖给你，一定藏了什么猫腻，进而心生厌烦。而当一位性格内敛、反应稍慢，甚至略带口吃的推销员向你介绍商品时，你总会静下心来倾听，感觉亲切甚至产生好感。

其实，这种心理变化在短视频平台中同样适用。虽然一个作品的内容只有短短数十秒，最长也不过几分钟，但大众还是可以通过观看感知到你的心意和态度。何况，短视频平台属于一个开放的自媒体平台。你这个人到底怎么样？你卖的商品到底好不好？只要有人体验过，就一定会形成传播。因此，坦诚相见、提前告知，是制作短视频内容时要具备的最基本的心态。

在这里告诉你一个"秘密"：世界上最成功的推销员乔·吉拉德，其实患有口吃，但这并不妨碍他做出最高单月销售 174 辆车的业绩，也不妨碍他成为唯一被吉尼斯世界纪录认可的"最伟大的推销员"，更无法阻挡他加入全球汽车名人堂。

所以，你发现了吗？人与商品有一些缺点和劣势都没什么。重要的是，要利用好这些缺点和劣势，劣势也可能变成独特的优势哦。

1.2.1　如何将劣势转化成优势

那么，我们又该怎样将劣势转化成优势呢？在回答这个问题前，不妨回忆一下，在生活和工作中你是不是总会遇到一些"解决起来非常困难，需要纠结与探索好久，但周围的人却觉得轻而易举的事情"？千万不要认为是自己的资质比别人差，或许你已经具备了得天独厚的优势，即感受生活、发现问题、解决问题的能力。其实，这些本身就是最好的素材。

你可能会问"别人做起来都很容易，只有我觉得很费劲，怎么可能是优势呢"这样的问题。举个例子，我们都知道居住在大城市衣、食、住、行都非常便利，想要什么花钱买就可以，没人会亲自去山上砍竹子做一只杯子，也没人会自己去找材料编一个收纳盒。而偏偏就有这样一群人，他们选择远离都市繁华，在山林里就地取材、随手制作，亲手打造自己的生活。这种短视频不仅可以让我们了解他们超强的动手能力、生存能力，还可以让我们看到别样的生活方式。所以，才有了一大批生活在乡村里的匠人账号出现。

以上是生活环境方面的，只要悉心观察、开动脑筋、勤于动手，总能利用当前所处环境创作出别有一番风味的短视频内容。

接下来聊聊个人方面。你的身上有没有哪个特征是特别突出的。比如说，特胖、特瘦、耳朵特大、头特大。再比如性格方面：特别健谈或特别内向，或者是爱闯祸。如果有，我要恭喜你！你已经具备了让人过目不忘的特征。这些，都将是你最宝贵的财富。

现在，你理解了吗？在信息多元化的今天，尤其是在短视频平台，大家想要看到的其实是和自己完全不同的生活方式、生活态度，而每一个人的生活本身就是不尽相同的。你眼里的"落后""无聊""太胖了""太笨了""太捣乱"，在别人眼里可能就是回归自然、随心所欲、可爱、善于钻研或搞笑。

因此，千万不要轻易妄自菲薄，也别轻易贬低自己哦。不妨大胆展示自己，将劣势打造成让人耳目一新、容易记住你的那个点吧！所以，你准备好了吗？

1.2.2 将劣势转化成优势的方法有哪些

在短视频内容的创作过程中，很多人都会面临的一个问题：没有灵感，更不用提将劣势转化成优势了。别着急！下面 4 个法宝希望能够给你一些启示。

深挖本土元素：很多人在创作短视频内容时，都会纠结自身环境，认为没什么可拍的。殊不知，你最大的优势就是：就地取材。如果你身处高楼大厦林立的大都市，在都市比较繁华的地区会坐落很多景区、好饭馆、有特色的书吧，甚至个性化的主题娱乐场所，所以适合选择"探店、游记"等题材。当然，在繁华都市也可以闹中取静，录制一些"最适合独处的胜地"等题材也是不错的选择。如果你身处大山、田园、海边……那么我要恭喜你！你身边的一草一木，都可以作为题材。对于身处这类环境的人而言，生存技能大比拼（辨识花草树木／野果子／野外环境生存技巧）、展示编织／木匠／泥瓦匠等手艺、介绍家乡美景／历史／建筑、展示自己的生活（院落、房子、煮饭、邻里趣事、家族趣事）等都可以成为最佳的素材。总之，要开动脑筋，就地取材，深挖本土元素，需要思考：①这个东西能不能展示出来？②这个东西给我的生活带来了哪些便利？③这些是不是也能给别人带来便利？④这个东西还能给别人的生活带来什么？最后，将这 4 个问题的答案串联起来，录制成视频就好啦。

直接展示： 俗话说："金无足赤，人无完人。"如果你身上有一些可以明显区别于其他人的特征（比如，头特大、身材特瘦或特胖、眼睛特大或特小、嗓音声线特殊等），不妨直接大大方方地展示出来。既不用过多渲染，也不用过多掩盖。这样，能够带给大众一种真实感，快速拉近距离。如果你擅长编段子，在高潮或转折的地方将这些特点有机结合，碰撞出有趣的火花，那么这些特点也将升级，会给人一种可爱的感觉。如果你擅长穿衣搭配，那你不仅能拯救更多和你身材差不多（特胖或特瘦）的人，说不定还能收获不少人的追随呢。在公认以瘦为美的时代里，胖胖的身体反倒成为一种优势。

问题共情： 所有人在工作和生活中总会遇到这样或那样的问题，这时上网查找答案几乎是每个人首选的、最快速、最简单的解决方案。因此，之前困扰你的所有烦心问题，无论大小，都变成了最佳的创作素材。不妨把之前困扰你许久的问题回顾一下拟成标题（比如，如何去掉衣服上的污渍，如何跟老板谈升职加薪，如何正确地给苹果树施肥），将你当时的解决方案进行讲解（比如，通过使用什么工具或东西，怎么做，最后结果是什么），录制成视频发出来，可能会收到意想不到的效果。如果实在摸不着头脑，可以在短视频平台的搜索框中输入"妙招／职场"，借鉴其他人的视频。如果你想录制的是专业性较强、比较细分领域的内容，你只需在抖音或快手上直接搜索关键词"Excel/Word/ 设计"就可以找到很多这样的账号。

弘扬正能量：有些人可能在生活中遭遇过不幸，或者天生有残缺；有些人可能学历不高；有些人可能生活阅历不是很丰富；有些人的父母或孩子可能在外地长期打工……这些群体都有着自己独特的标签。但无论你属于哪一个群体，都可以展示出你热爱生活，并且用将生活过得越来越好的技能和手段（比如，你是如何靠直播／编织／学习改变生活的，学了哪些技巧，哪些事情是你可以做到的，你做出了哪些成绩，你是如何做到的）帮助更多和你一样的人。这样，不仅能够告知和你有同样遭遇的人，其实你可以改变生活，当前生活中所遇到的问题是可以被解决的，还能够帮助自己树立信心、收获额外的收入。

1.2.3　成功关键：不断强化、内容足够有趣和实用

从身处环境到长相，再到个人遭遇，你当前所拥有的一切，都是你创作短视频内容的最佳素材和最有说服力的优势。理解了这一点，你就已经掌握了将劣势转化成优势的 4 个法宝。

到这里，可能有人会说："这 4 个法宝，只能把劣势找出来并变成素材，但谈到具体实践还是有些含糊。"别着急，接下来，就来做个游戏。想象自己手拿一只放大镜，然后将思维抽离出来，站在陌生人的角度观察一下自己，并将下列问题写在本子上。

最让你困扰的问题是什么？（包括身体、心理、环境、生活、工作等方面）

你是怎样解决这些问题的？（分成了几步）

这些问题被解决以后，给你的生活带来了怎样的变化？（产生了哪些有趣或令人苦恼的影响）

你该怎样向陌生人表达这一切，并且告诉他们这些问题是可以被解决的呢？

怎么样，现在你是不是豁然开朗呢？如果是，那么恭喜你已经具备了"将劣势转化成优势"的能力，并完成了短视频内容的早期定位和创作模型。

1.2.4　案例剖析：女性杂志社的转型

女性杂志社主编王猛最近有点儿挠头，近年短视频自媒体势头正火，他

想借此试水挽回杂志的销量。可是，这些年除了加班工作把体重熬到了将近 200 斤，近视度数又加重了，似乎没什么特别之处。

那么，该如何为他的短视频账户进行定位，让人耳目一新呢？

于是，在冥思苦想之后，他是这样做的：

短视频自媒体名称：200 斤的男闺蜜。

简介：20 年女刊主编，两个孩子的爸，和你聊聊家庭伦理那点事儿。每天为 30～50 岁的单亲妈妈开放 50 个免费答疑资格。

内容：亲情、恋爱、家庭伦理方面。

出镜形象：戴一副卡通黑色近视镜，而且左边镜框是方形，右边镜框是圆形。每次录制时还会手捧一碗炒饭。

如果直接为自己定位女性情感主播，难免会让人心生疑问：一个大男人，为什么要干这个？怎么可能会比女人更了解女人？但是"20 年女刊主编"就明显增加了权威性。"两个孩子的爸"，不言而喻，家庭生活非常幸福，也证明了自己很懂育儿、女性、家庭这些话题。

此外，"200 斤的男闺蜜"这一标题主动暴露身材特征，不仅显得可爱，还会莫名地给人增加一丝安全感。"手捧一碗炒饭"和"黑色近视镜（左边镜框是方形，右边镜框是圆形）"，不仅增加了明显的记忆特征，还显得接地气，能够瞬间拉近距离。在这里，身材弱势反而成为让大家过目不忘的法宝。

另外，如果写上每天为 50 名咨询者免费答疑，恐怕没人会把他当回事。但是写上 30～50 岁，必须是单亲妈妈，名额还只有 50 个，就瞬间显得紧迫得多。另外，只为单亲妈妈开放，还会给人一种回馈社会、为单亲妈妈排忧解难的感觉。如果真遇到问题，单亲妈妈一看就会发出"还好，我符合"的心声，正好可以提前预约，还会心生一些感激和庆幸。

Tips

将劣势转化成优势，不仅要将你遇到的问题表达清楚，核心在于解释清楚消化和解决这些问题的底层逻辑。这样，观众才能真正接收到你的诚意，从而被你的人格魅力所吸引。

1.3 借助朋友的力量

俗话说得好，"众人拾柴火焰高"。在进行短视频内容创作时，除了挖掘自身的资源，还可以借助朋友的力量。现在，请闭上眼睛仔细思考一下你周围的朋友有没有什么特别之处？比如，特会唱歌、特会吃、特会跳舞、鬼点子特多，或者擅长画画、擅长某种乐器。这些都可以与你的短视频内容创作结合起来。没准儿还能碰撞出别样的火花。

比如，一个以宿舍生活为主题的短视频账号，就是4个大男孩以宿舍为背景，锁定了熄灯后这个时间段，以做游戏谁输了谁被惩罚的形式进行创作的。看完之后，会让人情不自禁地期待与猜测：下一个倒霉蛋会是谁？下一期的游戏到底是什么？还会有什么好玩的游戏？还会有什么有趣的惩罚？进而，由好奇发展为持续关注。而如果这个账号只是一个人做游戏，就瞬间缺失了很多趣味性和期待感。

这，就是"借助朋友的力量"的强大魅力。

1.3.1 该如何借助朋友的力量

惊呆了！××学院八大才子上演古乐器合奏。

三岁小哥俩做饭巧分工，熟练度堪比大厨。

和这样的人做邻居，每天笑得合不拢嘴。

音乐学院大二女生校园内进行个人唱跳首秀。

看到上面4个标题内容，相信你一定比较感兴趣。因为：①这4个标题能够带给我们无限的遐想空间，大众看到以后总想去探索寻求答案；②这4个标题更加场景化（能够让人一看脑子里就出现画面）、更接地气、更贴近生活、更有趣味性。这些都是单人进行短视频内容创作时所不具备的魅力。

那么我们该如何借助朋友的力量呢？需要"四步走"。

第一步：找出朋友身上独特的闪光点。在大多数情况下我们的朋友和我们一样都是普通人，但这并不代表我们不能借助他们的力量创作短视频。现在，请你像手握放大镜一样，观察你的朋友：他（她）的长相、说话方式（语言习惯）、穿衣风格、性格、爱好、特长、厨艺、字迹，乃至处世原则、上课或工作方法等，是否有着独特之处。请一条一条地把它们列出来，这些都是你创作短视频内容的基础素材。

第二步：与你的擅长点进行融合（互补或能碰撞出火花）。 别忘了，借助朋友的力量创作短视频内容的核心主角依旧是你，找到朋友身上独特的擅长点后就要与你的擅长点进行融合。比如说，朋友擅长舞蹈，如果你也擅长的话，那就可以跳个双人舞；朋友擅长捣蛋，而你鬼点子多，就可以搞个喜剧（把他的捣蛋方式和你的鬼点子相结合，创作出让人开怀大笑的内容）；朋友擅长做饭，而你刚好擅长吃，那就可以来一个"被老铁喂养的第 ×× 天或偷吃老铁的饭盒第 ×× 天"系列美食制作 + 品鉴类内容。赶快转动你的大脑，将朋友的擅长点与你的擅长点进行有机地结合吧。互补、碰撞出新的火花、神同步、偷拿或偷吃都可以哦。

第三步：加入场景、时间等元素。 场景元素有学校、公司、公园、食堂、图书馆、马路边、寝室等。时间元素有今天、本周、这个秋天、熄灯后、下班后、放学后等。这样，能够增加真实感和想象空间，让观众看了之后马上就能联想到画面，觉得事情就发生在自己身边，就发生在眼前。

第四步：植入常用词。 情感类常用词有惊呆了、帅爆了、美极了、太赞了等。形容类常用词有千载难逢、绝无仅有、举世无双等。其他类常用词还有终于、发现等。试着在创作短视频内容时植入这些词汇，让观众看到后瞬间有一种"有大事发生、难得一见"的感觉。

`1.3.2`　怎样借助朋友的力量才有效

要知道短视频平台本身是一个娱乐场，借助朋友的力量也要遵循一定的原则。一定要找出"别人为什么要来看你"的理由。因此，在借助朋友的力量时，还要遵循下面这三大原则，才会更加有效、有力度。

贴近生活： 正所谓"创作需要源于生活且高于生活"，在写作圈流传一句话："脱离生活的作品也就失去了意义。"这一点在短视频内容创作方面也同样适用。在借助朋友的力量时要贴近生活，这样不仅能够带给人一种亲切感，更有一种事情就发生在自己身边的感觉。主流短视频平台"抖音"和"快手"的广告语分别为"记录美好生活"和"拥抱每一种生活"，可见都与生活紧密相关。创作和记录贴近生活，在生活中发现美好的内容，也符合平台的调性，没准儿还能得到平台的扶持。

形成创新：短视频平台本质上是一个娱乐场，大众都喜欢看源于生活又区别于自己生活的内容。因此在与朋友一起进行短视频内容创作时，要形成创新，与电视剧、电影、剧院里边的传统艺术形式和展现方法相区别，这样才会使内容更具看点。例如，喊麦风格的歌舞，就是率先从网络开始流行起来的；教人做饭类的短视频，在创作时应该尽可能地选择大锅、现搭炉灶或主题类烹饪（在食物和环境上打造一个主题，如海洋、乡村等）。

做成系列：借助朋友的力量进行短视频内容创作时，涉及的人员比较多，有时凑齐这些人并不是一件容易的事情。如果每期内容都是一个全新的方向和主题，难免有点儿大动干戈，可持续性比较弱。因此，最有效、最简单的方式就是寻找到一个你和朋友之间比较默契的点，进而做成系列。例如，裴大树和她的朋友就做了"地域差"系列。

1.3.3 成功关键：和谐、突破、持久

借助朋友的力量进行短视频内容创作时，最重要的就是寻找到你们之间相契合的点，然后以一种大家普遍认为比较轻松的形式持续下去。因此，和谐、突破、持久是你借助朋友的力量进行短视频内容创作的关键。

在短视频内容创作中，这3个词隐含了更深的含义。

和谐：这里的"和谐"是相对于所创作的内容本身来讲，大致有3类：①如果你创作的是搞笑段子，那么和谐是指"反差"，这样更能给人一种诙谐感；②如果你创作的是偏唯美、展现才艺类的，那么和谐是指"同一画风"，这样更能让人感受到唯美；③如果你创作的是剧情类的，那么和谐是指"人物关系"，这样更有利于内容的进一步推进。简而言之，你必须给你的朋友找到一个在你短视频内容里持续出现且不突兀的理由。

突破：就是要迎合短视频平台本身就是娱乐场的这一趋势，创作出和传统电视剧、电影、小剧场里相区别的表现形式，呈现给观众不同的感官体验。这样，才能抓住大家的碎片时间，吸引更多的眼球。

持久：借助朋友的力量进行短视频内容创作，是一件需要长期磨合才能形成创新的事情。因此，可持续才是关键。这就需要将内容制作成系列，形成完整、清晰的内容结构，便于后续的内容开发。

1.3.4　**案例剖析：找出朋友身上的擅长点，并进行创作素材挖掘**

假设你有一个朋友，他擅长舞蹈、唱歌，性格外向、幽默。你们两家离得很近，从小一起长大，而且两家还是世交，从小双方父母就为你们定下了娃娃亲。在短视频浪潮的席卷下，你们都想做一个短视频账号，但苦于没有灵感。那么，在此环境下，你知道该如何进行创作素材挖掘吗？

答案与解析：通过上面的素材资料，可以清晰地了解到以下信息。

这位朋友擅长唱歌、跳舞。

朋友的性格外向。

你们关系非常好、从小就定下了娃娃亲、一起长大、家里还是世交。

那么就可以以下面的主题进行创作：

世交家庭的孩子，是如何长大的？

从小就定了娃娃亲，是一种怎样的体验？

有一个男发小是怎样的体验？

现在，你是不是觉得创作短视频、找灵感，没那么难了？

Tips

借助朋友的力量，就是要先找出对方身上独特的擅长点，然后根据你的擅长点进行优势互补。同时，加入场景、时间等元素，再加入常用词促成创新。值得注意的是，这种互补点需要保持和谐与持久。

1.4　地域差就是新优势

在创作短视频内容时，到了创作后期，尤其是中后期，可能很难再从自身或朋友身上找到创作内容的灵感。那么这时，就可以从地域、人文、生活习惯上寻找差异。事实上，我国是一个包容性非常强的国家，不仅有着 56 个民族，而且各个民族有着不尽相同，甚至是完全相反的习俗和生活习惯，这本身就是绝佳的创作短视频的素材。而这也正好符合短视频平台"拥抱生活、记录生活"的主旋律。

有很多爆火的短视频账号就是利用了南北方衣食住行、语言习惯、生活习惯、自然天气等多维度的差异而创作出一系列令人啼笑皆非的短视频内容，这也正好迎合了观众猎奇、求知的心理。关于这样的账号，打开任意短视频平台搜索"南北方差异""南方人""北方人"等关键词就可以找到很多。而这样创作的能力想要拥有也绝非难事。

1.4.1 如何寻找地域差

众所周知，不同地域的人们在语言习惯、生活习惯、自然天气等方面都存在着差异。因此，在寻找地域差时可以从下列维度逐一寻找，并为我们创作短视频内容所用。

语言习惯：如果你有跨区域出差的经验（比如，南方人到北方出差，北方人到南方出差），就会发现，你不太能听懂对方的方言，甚至还会造成有趣的误会。例如，东北话中的"整"字，在出事的情况下是"怎么办"的意思，而在吃饭时是"吃"的意思。如果用错，产生误会，就会形成啼笑皆非的场景。因此，在进行短视频内容创作时，可以从方言入手，思考下你所在地区的方言、语言习惯和其他地区有什么不同，如果误用会让人有什么感觉，先记录下来，然后编成剧本，相信你一定会收获不少的关注。

生活习惯：例如，前阵子形成网络大讨论的"粽子吃咸还是甜"；洗澡要不要搓澡；南方三天冲凉一次，北方一周搓澡一次。这些讨论对大家认知产生冲击的同时，也是对南北方生活习惯的探索和讨论。如果能够在短视频内容创作时思考到：你所在的地域与其他地域在生活上有何不同？有哪些罕见的地方？再与大众正常生活形成反差对比，相信能够收获奇特的效果，不妨来试试吧。

自然天气：想一想，你所在的地区在天气上跟其他地区有什么不同？有没有需要特殊注意，否则稍不留神就会产生尴尬的天气呢？例如，东北的冬天，在户外不能舔金属的东西；南方的回南天到处都是水。把这些差异用短视频的形式呈现给其他地区的小伙伴，与他们的日常生活形成反差，可能会获得意想不到的结果。

特殊工具：有些特殊工具在农村比较常见，可以利用这些工具形成戏剧效果，进而创作出爆款短视频内容。例如，刀具、汤匙、地域性特殊交通工具等，都能够变成短视频内容创作中的素材，进而发挥奇效。

人文风情：选取这种素材比较适合探索罕见的地域的短视频，例如，去食人族等部落。由于这类地区很少有人去，因此仅仅直观地展示当地的风土人情、风俗习惯、饮食习惯等，就能收获不少人的关注。如果你去的是国内的一些地区，那么找到这些地区背后的人文故事，也是不错的选材角度。人文风情类的素材比较适合一些科普类的短视频。

1.4.2　如何利用地域差

在 1.4.1 小节了解了如何选取素材进行短视频内容创作，那么选好素材之后又该如何使用这些素材呢？一般情况下，地域差类的短视频内容，在内容创作上大致可以分为下列 3 种形式。

认知科普：就是把获取到的人文风情、风俗习惯、饮食习惯等，编辑成故事直接讲述出来，这比较适合降维科普（一般人很少了解）的素材。例如，食人族真的吃人吗？藏在大山深处的景区和它的缔造者是谁？日本老婆最怕什么？有个英国婆婆是怎样的体验？

观念冲击：顾名思义，就是利用地域差冲击人们的固有观念。在短视频创作中通常都是南北方人在一起做某件事，形成行为上的差异和语言上的讨论，从而展示不同的饮食习惯和生活习惯。例如，豆腐脑，南方人一般喝甜的，北方人一般喝咸的；吃火锅，南方人用油碟，北方人用芝麻酱，而山西人蘸醋。短视频账号 @ 裴大树就把这种观念冲击展示到了极致。

搞笑误会：这种形式在短视频内容创作中也比较常见，例如，南方人洗澡用的长柄毛刷，在北方人眼里就有点儿像马桶刷，其中就存在着误会。在制作短视频时，可以将这样的误会找到并展示出来，也能呈现出有趣的效果。

1.4.3　成功关键：形成冲击

地域差、文化差，这类内容最关键的就是"形成冲击"。因为不同，所以才会出现误会。因此，在选材上就要选择小众的知识点，然后再与大众的生活相比较，形成冲击并碰撞出火花。具体操作步骤如下。

找出你所在地区与其他地区不同的语言习惯、生活习惯。

思考当不了解这种习惯的其他地区的人来到此地之后，可能会形成怎样的误会？会有什么反应？

以故事或对比的形式将上述内容展示出来。

例如，关于"南北方人买西瓜"这件事，在短视频平台上就有一期爆火的内容出现，其结构也能用这三步完美复刻。

视频开头：用一句话抛出主题——南北方买西瓜的区别（即找出了买西瓜的不同）。

视频中部：将南北方买西瓜的不同习惯清晰展示。

在南方，将西瓜一直切成小块用牙签扎着吃。即南方的习惯是切成小块卖。

在北方，说完"老板来俩西瓜"就抱着两个完整的西瓜离开。即北方的习惯是买一整个西瓜抱回家自己切。

视频尾部：突出了了解这一差异后其他地区小伙伴的反应。

南方朋友诧异地看着北方朋友，抱着西瓜跌跌撞撞地离开。即南方朋友知道北方买西瓜的习惯以后非常诧异，而且是一个女孩子搬不动的那么大的西瓜。

需要注意的是，制作此类短视频内容时，要将你所找到的那个差异适当地夸张化，这样更能突出反差和趣味性。

1.4.4　实践练习：利用你所在地区的地域差创作一条短视频内容

如你所见，利用地域差进行短视频内容创作并非难事。只要稍加练习，就能创作出爆笑且吸睛的内容。现在，我们进行一个小游戏：思考一下，你所在的地区在语言习惯、生活习惯、天气等方面有没有什么特别之处？然后用本章所学的方式创作一条短视频。

例如：

视频开头：说明南北方买白菜的差异（视频主题）。

视频中部：将南北方买白菜的差异清晰展示。

南方：老板给我来一棵白菜。

北方：这白菜挺新鲜呀！老板，装一车！

视频尾部：南方小伙伴瞪大眼睛看着北方小伙伴拉着装满一小车的白菜离去（此处强化了解差异后的其他地区小伙伴的反应）。

地域差就是要从语言习惯、生活习惯、自然天气、特殊工具、人文风情等多个方面入手挖掘素材，从而寻找到当地独有的东西。那么，我们又该如何利用好地域差呢？这就需要在短视频内容中植入"认知科普/观念冲击/搞笑误会"等多个元素，从而在认知上给观众带来强有力的冲击。

1.5　找亲戚助力

对于一些中老年人、少年以及选择回乡照顾老人或小孩的青壮年来讲，家庭就是他们生活的全部。这时，为什么不选择深耕家庭生活这一元素呢？我们完全可以以家庭为单位，邀请亲戚朋友都参与到短视频内容创作中。这样不仅为短视频内容增加了生活的真实感，更能够呈现出一种别样的温馨感，同时也迎合了短视频平台"拥抱生活、记录生活"这一主旋律。

例如，@暖宝笑呵呵就记录了孩子成长过程中和父母之间发生的有趣对话以及孩子的一系列迷惑行为，看后不禁为孩子的智慧和父母的耐心点赞，这就是非常好的一家三口齐上阵、互相借力创作短视频内容的典范。

此外，在短视频美食领域也有很多主播会记录"孩子放学后，为宝贝制作美食的过程"。看后不禁让人回忆起自己的学生时代，每天放学后都会让妈妈做好吃的，然后一家人围坐在一起共进晚餐的场景，无不令人羡慕！

当然找亲戚助力类的短视频内容也绝非只有这两大领域，只要掌握方法，在各个领域都能够创作出绝佳的内容。

1.5.1　选择怎样的亲戚进行合作

如果我们选择家庭生活作为素材，那么选择什么样的亲戚进行合作呢？

根据对多个短视频账号的研究，大致总结了以下几个方面。

熟识度：要知道家庭类短视频，最重要的就是呈现出家的感觉。无论是一家三口的温馨，还是叔侄之间的默契，或是姐弟之间的关爱。拍摄家庭类短视频的前提都是需要你选择的那位亲戚与你非常熟识，最好是每日都有频繁往来，无话不谈的那种，这样才能将你们之间的默契呈现出来，进而快速地呈现出家庭的氛围，缩短大量的磨合时间。

技能互补：如果你想要创作的是歌舞才艺、乐器或其他特殊技能方面的短视频，那么就要将你的短视频内容看作一台又一台完整的节目，因此你寻找的这位亲戚就要与你的技能形成有机互补。这样，才能确保这台节目拥有足够的完整性、可看性。

有明显特征：这一点比较好理解，就是寻找一些有明显特征的亲戚进行合作。例如，头特大、特高、特瘦、特胖、特调皮、特感性、特木讷等，这些都是短视频内容创作中的绝佳素材，能够起到让人过目不忘的作用。

常住一起：由于短视频内容创作的持续性，如果创作的主题选择了家庭，那么你选择助力的亲戚最好与你是住在一起的。这样不仅便于拍摄，更增强了内容的可持续性。

1.5.2　找亲戚助力时可以从哪些方面开展

搞清楚了该选择什么样的亲戚进行短视频内容创作之后，接下来探讨选题的问题。根据笔者对数百个家庭类短视频账号的观察，其选材不外乎以下几个方面。

家庭伦理：这类素材主要抓住了人们对温馨生活、甜美爱情或夫妻生活的向往。例如，最近有很多展示夫妻/家人之间逗趣日常、互相关爱情景的短视频，看后不得不让人惊呼"原来还有这么好的男人"。关于这类账号，你只需打开短视频平台，直接搜索"夫妻""中日情侣/夫妻""幸福生活"等关键词就能轻松找到。

厨艺美食：这是家庭类账号较为常见的内容形式。美食教授的不仅是做法，更传递了对家人的爱。例如，最近就有一大批男士为了怀孕的妻子/年迈的父母，一点点学习厨艺的账号，几乎每一期都围绕妻子/孩子/父母的要求制作美食。无论是一家三口其乐融融地吃饭，还是夫妻俩半夜把孩子哄睡后的偷吃，都能够让人感受到视频主人公对家人的爱。关于这类账号，你只需打开短视频平台，直接搜索"爸""奶爸""饲养员"等关键词就能轻松找到。

搞笑段子：这类素材比较适合年轻夫妻或兄弟之间。如果你在短视频平台搜索过"杨哥""哥哥""兄妹"等关键词，就能找到很多类似的账号。其中有一个爆火的大号，就是围绕帮弟弟戒除网瘾、叫弟弟起床而创作的一系列令人啼笑皆非的段子。如果选择这样的素材，找到可以持续产生内容的点至关重要，如辅导孩子写作业、抓住逃学弟弟等。

才艺展示：这类素材常见于少儿账号。如果家里有龙凤胎或家族里的孩子恰巧都学习了才艺，那么就可以让姐弟俩或兄妹俩直接展示才艺。

成长 / 生活记录：这类素材常见于有孩子的家庭，一般都是记录孩子的日常生活、成长趣事。让人在看过视频、呵呵一乐时，不禁感叹孩子的智慧以及家长的教育有方。@ 暖宝笑呵呵就是最为鲜活的例子，几乎每一期视频都能看到父亲对孩子的陪伴。

1.5.3　成功关键：温馨、真实、原生态

家庭类短视频内容，最主要的就是要让观众看到自己真实的生活方式，从而唤醒对爱情、亲情的向往。因此，做到温馨、真实、原生态，就已经赢了一大半。

温馨：顾名思义，就是将家庭日常生活的温馨场景记录下来，可以是深夜为孩子热饭，也可以是照顾老人、怀孕妻子的方法，更可以是夫妻之间彼此照顾的瞬间。总之，让观众感受到那份真挚的感情就已经足够了。

真实：家庭类短视频内容不需要有过多的修饰、打扮，也不用特别精心策划，就是真实地记录日常生活、亲戚之间的处事方式，就已经非常打动人了。

原生态：就是要还原生活本身。

1.5.4　实践练习

根据下面的素材，提取短视频灵感。

假设你有一个儿子，他性格开朗、善于交际，每天总会给妹妹搞些恶作剧，每次家庭聚会也总会弄出一些乱子。现在短视频风头正盛，你也想进军短视频平台，那么你该如何寻找创作灵感？创作一个怎样的短视频账号呢？

答案与解析：根据上面的素材可以从这个小男孩入手，以他为主角创作家庭、亲子之间的爆笑逗趣段子。因为这个小男孩拥有"搞怪""恶作剧"的天赋，因此你的短视频定位就应该是以下的样子。

人物选择：父亲和儿子

人设定位：爆笑家庭、爱捣蛋的儿子

拍摄环境：家里

内容选材：爱捣蛋的儿子整蛊父亲和叔叔的日常（属于搞笑段子类）

到这里相信你一定能够看出端倪，家庭类短视频创作可以遵循以下步骤。

确定合作人选（父子 / 夫妻 / 兄弟）。

找到突围点（性格 / 特质）。

设定好人物性格及定位（比如，爱捣蛋的孩子、有网瘾的弟弟、贪吃的妻子等）。

围绕突围点及人设定位持续产出内容。

Tips

选择亲属进行合作时，一定要选择具备超强辨识度、有明显特征，而且还可以经常住在一起的人。然后我们可以从家庭伦理、厨艺美术、搞笑段子、才艺展示、搞笑生活记录等多个方面进行创作，从而展示一种温馨、真实、原生态的内容理念，让观众能接收到创作者的诚意。

1.6　在环境上做文章

伴随着短视频平台上内容的日趋丰富，仅仅从内容方面进行创作已经力不从心。这时，也可以从环境上进行创作。还有一些账号开始利用环境优势即利用老房子、老电器、老橱柜、老灶台等复刻了 20 世纪 80 年代的东北农村生活；爆火国内外的 @ 李子柒，就利用了大山、树林等天然环境，展现了如世外桃源般的生活；另有深夜食堂类的账号，以床上、深夜、上下铺、桌子等为环境背景，呈现了一款又一款好吃的美食。虽然这些短视频都是围绕美食这一领域进行创作，但着实让人眼前一亮，让观众感受到了各自不同的风格。这就是在环境上做文章的魅力。

1.6.1　如何在环境上做文章

时代区分：可以像短视频平台上的怀旧美食类主播一样，打时代牌。可以将 20 世纪 60 年代到 90 年代的生活进行复刻，这样不仅能够唤醒大家的记忆，还能够让年轻人了解那个时代的人文风情。与其他账号的区别，一下子就被拉开了。

巧用自然：如果你所居住的地区是在深山、海边、草原、竹林、田间等，那么我要恭喜你！这一切本身就是绝佳的环境素材，你只需做好卫生工作，将这些天然的环境呈现出来，就足以打动众人了。

主题设定：当身边既没有天然的与众不同的环境，也无法按照时代打造环境时，可以根据你所创作的短视频内容打造属于自己的主题。例如，机动战士高达系列、芭比娃娃系列、扑克牌系列、宫廷系列等，只要吻合你的短视频内容即可。

1.6.2　在环境上做文章时需要注意什么

与主题相吻合：这一点非常好理解，制作短视频内容所用到的环境，一定要与内容主题相吻合，否则，会给人一种庞杂或突兀的感觉。例如，如果你的短视频内容是古风诗词，那么就应该选择亭台楼阁、古色古香的地方拍摄；如果你的短视频内容是书评，那么选择厨房作为拍摄地点显然就不合适了。

突出差异化：在环境上做文章，最主要的就是要给人"眼前一亮"的感觉。因此，在打造特殊环境场景之前，一定要去短视频平台上浏览一下，看看到底有多少人选择了和你一样的环境。如果人数较少，那么恭喜你！可以马上行动起来。如果人数较多，为了避免观众视觉疲劳，建议你还是选择更有新意的环境录制短视频内容。

避免喧宾夺主：要知道，环境只是短视频内容的一个加分项。最核心的还是要靠短视频内容本身吸引观众。因此，打造环境切忌喧宾夺主、太过吸睛。如果发现观众已经开始讨论你的背景配饰而不是内容时，这说明，你的内容本身出现了问题，那么就要及时进行调整。

当我们想在环境上打造辨识度时，一定要注重时代、自然以及主题设定这三大维度。同时，在环境上做文章还需要注意与主题相吻合、突出差异化、避免喧宾夺主。

1.7　形成差异化的其他方法

随着短视频内容平台竞争的日益激烈，同质化账号日渐增多，除了本章前几节所讲述的内容，在进行短视频内容创作时，还可以从其他方面打造差异化吗？答案是肯定的，那么本节就来讲述形成差异化的其他方法，希望能够给你一些启发。

1.7.1　形成差异化的方法还有哪些

语言习惯：正如当年大连发卷老师的录音爆火网络一样，任何地方的方言都是绝佳的流行元素。如果你所在地区的方言特别有代表性，不妨在制作短视频内容时将它们植入进来，没准儿会收获意想不到的效果哦。

服饰服装：服装在某些时候也能起到画龙点睛的作用，增强账号的人设定位。例如，如果你的人物定位是职场侦探或特别睿智的人，那么就可以穿一身侦探装；如果你的账号定位在高端食材烹饪，那么选择高端一些的衣服，如礼服、燕尾服，就再适合不过了。

特殊道具：如果你的账号实在没有什么特殊点，这时增加一些特殊道具，也能起到意想不到的效果哦。例如，怪异的杯子、一个小玩偶、一个小指挥棒。 总之，在不破坏整体短视频主题的情况下，在桌子上、手里、身上植入一些特殊道具，也能起到画龙点睛的作用。

主角设定： 其在短视频内容创作领域中，主角并不一定是人本身。 有一些账号就剑走偏锋，选择以宠物、食材、动画等元素为主角，也能收获一众粉丝的追捧。 关于这类账号，在短视频平台搜索"鼠鼠""猫厨"等关键词就可以轻松找到。

行为反差： 让孩子做大人的事情，让大人做孩子的事情，或者让主角做一些其他人根本无法做到的夸张的事情，进而形成反差，引发观众赞叹或惊奇的心态，从而增强账号和主角在观众心目中的印象。 你可以在短视频平台搜索"美神探"关键词，就能找到相应的账号。

整体色调： 针对一些布艺、床单、服饰类短视频账号，为了突出货品的齐全和颜色的丰富，都会创作清一色的短视频内容，吸引观众进行浏览。 例如，整间屋子全是红色、紫色、绿色等。 这也能够与其他普通短视频账号拉开差异，进而形成独特的风格。

固定动作： 可以通过设置一些特定动作、特定的画面内容以增加辨识度，从而让观众更快地记住你。 就像赵四总抽搭嘴角、刘能说话磕磕巴巴一样，虽然看上去是小弱点、小缺陷，但是却很容易让人记住，从而变成自己最大的标志和优势。

固定口号： 如果你仔细留意就会发现，很多短视频账号的开头或结尾都会有固定的口号，从而加强观众的记忆性，让观众在第一时间就记住并且眼前一亮。 例如，点关注不迷路；我是老杨，今天吃点儿啥呢。 这些固定口号，可以强化观众记忆，从而达到让人眼前一亮、快速记忆的目的。

1.7.2　案例剖析：利用语言习惯形成鲜明对比

完了，带饭带出罪来了。 俗话说得好，三岁看大七岁看老。 这大半年搁家待的，整个人比之前胖了一大圈。 今天告诉我要减肥，饭盒都不让带了。 我那个好朋友小胖，在我面前都显得特别瘦小。 但这人间美味万万千，4 岁减肥这事儿咱真不能干啊。

解析： 从上方的文本中不难看出，这条短视频采用了"语言习惯"的方式与其他账号形成了鲜明的对比。 首先，"带饭带出罪""搁家待的"等都属于俗话和地方性语言。同时，"这人间美味万万千，4岁减肥这事儿咱真不能干"是押韵的语言表达形式。就这样，将两种元素相结合，让短视频文本更加诙谐幽默、生动有趣，也与其他账号形成了鲜明的对比。

欲望激发：8 种扎心方法，锁定你的观众

广告教父大卫·奥格威说过："如果你的标题没有吸引到目标顾客的目光，就相当于浪费了 80% 的广告费。"这句话在短视频内容创作领域同样适用，改编过来应该是"如果你的封面标题没有吸引到观众的目光，就相当于浪费了 80% 的流量"。

现在，请回想一下你每发布一条短视频内容，会投入多少钱进行推广？每个月加起来有多少？再减去其中的 80%，还剩多少？这些靠真金白银买来的流量，都被浪费掉了，是不是很心疼？

$$销售额＝流量 \times 转化率 \times 客单价$$

同一款产品、同样的内容，转化率、客单价都是确定的。但如果你抓住了短视频内容的前 3～5 秒，提升了 5～10 倍的点击率，那么你的销售额就会随之增长 5～10 倍。所以，做一个好的封面，为你的短视频内容取个好标题，你的短视频就已经成功了一半。而不同类型、不同题材的短视频，封面标题的撰写方式也不尽相同。

本章准备了 8 种激发点击欲望、锁定观众的方法，一起来看看吧！

2.1 打破常识

打破常识类的封面标题，比较适合生活妙招、说教类的短视频账号，通过对观众大脑里原有常识的颠覆，激发大家对于真正知识的渴求，激发好奇，从而产生持续关注。

2.1.1 打破常识类短视频封面标题撰写模板

打破常识类的封面标题的撰写也遵循着一定的规律，其模板大致可拆分成下列 3 种形式。

1. 动作 / 事情 + 否定词

案例： 面对出轨的婚姻，99% 的处理方法都是错的！

解读： "面对出轨的婚姻" 是正在发生的事情。"都是错的" 起到了提醒的作用，让人不禁心生疑问 "到底怎么做才是正确的" 进而点击视频进行浏览。

案例： 今天才知道，挂了这么多年的毛衣，都是错的！

解读： "挂了这么多年的毛衣" 是每个人都会做的动作，观众看到这里自然会联想起平时挂毛衣的场景，一个 "都是错的" 会让人自然而然联想到 "原来我之前挂毛衣的方式是错的" 进而点击视频进行浏览，寻找答案。

2. 行为 + 肯定词

案例： 洗洁精放马桶上，太好用了！

解读： 这是一条标题和视频被众多网友反复模仿，平均播放率达到 120 到 5 万的视频。封面标题中 "洗洁精放马桶上" 是行为，但是这种行为我们并不经常做，甚至，大多数家庭根本不会做。但后半段，一个 "太好用了" 的肯定，不禁引发观众的联想，到底怎么个好用法？能起到什么作用？进而停留观看。

案例： 塑料瓶插进下水道，婆婆都说好！

解读： "塑料瓶插进下水道" 是行为，而且这种行为一般不会有人去做。但 "婆婆都说好" 却留给了观众无尽的遐想空间。到底婆婆说好的原因是什么？这种行为能起到怎样的作用？进而产生好奇，打开观看。

3. 行为 + 明显效果 / 可量化的价值

案例： 用热水这样洗菜，比清水去农残效果好 10 倍！

解读： "用热水这样洗菜" 是行为，后边的 "比清水去农残效果好 10 倍" 是可量化的价值和明显效果。观众看后会心生疑问："到底怎么洗？为什么会好 10 倍？" 进而停留观看。

温馨提示： 创作常识类封面标题时，如果选用模板 1，就一定要选择经常做的行为或事情，然后去否定它，这样才能激发大众的好奇心；如果选用模板 2，就一定要选择比较罕见的行为动作，这样才能起到刷新认知的作用；如果选用模板 3，就需要在标题的前半段写出具体的解决方案，但隐去实际操作步骤让观众自己去寻找答案，后半段抛出具体行为所产生的结果。

2.1.2　实践练习：拟定一个打破常识类短视频封面标题

现在请试着写一个"打破常识"的封面标题，让读者发现：

（1）天呀！原来我的辅导方式不一定正确。

（2）辅导孩子写作业，原来也是有方法的，一个沙漏就能规范。

看到上面这两个条件之后，你的脑海里会形成什么样的思路呢？下面，我们就来理顺思路。阅读完题目之后，你需要：

（1）确定主题，即围绕"辅导孩子写作业"这件事拟定标题。

（2）思考相关联的场景，并找出你所讲述的知识与日常行为的不同点；平时辅导作业，孩子磨磨蹭蹭看着就烦，这是每一位家长的困扰。但有了沙漏之后，立即不一样了，孩子明显提高了写作业的速度。

（3）从 3 种标题模板中选择一种。

（4）组织成自己的语言。

因此你拟定的标题应该是：

辅导孩子作业，99% 的家长都做错了！

孩子写作业时放个沙漏，老师都夸妙！

用沙漏陪孩子写作业，速度快 10 倍！

Tips

撰写打破常识类短视频的标题时要注意，思考与之相关联的场景。从本节提炼出的标题模板中三选一，然后用自己的语言汇总、传递给观众。

2.2　知识输出

在进行短视频内容创作时，我们总是想传递一些知识，但是直截了当地讲授，难免会让人觉得晦涩难懂、了无生趣。那么，知识输出类封面标题又该如何进行撰写呢？本节就为你揭开这一问题的答案。

2.2.1　知识输出类短视频封面标题撰写模板

知识输出类封面标题旨在迎合大众求知的心理，通过短视频账号庞大的知识库，让观众如饥似渴般获取更多的知识。根据对知识类短视频热门账号的分析，其封面标题大致可以分为下列几种形式。

1. 名词 / 词语 + 由来

案例：三妻四妾的由来、月饼的由来。

解析：这类标题中的名词 / 词语，一般自带故事和隐藏含义。我们在制作短视频内容时只需直接在后面加上"的由来"3 个字，就可以轻松取好封面标题。这也是知识类短视频创作者比较惯用的取名方法。

2. 名词 / 故事 / 事件 + 疑问词

案例：皇城为什么叫皇城、星际移民有多难。

解析："皇城"是名词，"为什么"是疑问词。标题中的名词 / 故事 / 事件本身暗藏含义（即历史底蕴或小典故），或自带话题性，能引起人无限遐想。例如，案例标题"星际移民有多难"，当中"星际移民"就自带话题感能够引发人们的无限遐想。

3. 直接陈述观点 / 事件

案例：老师绝不会告诉你的偷分技巧、记住这几张图《朝花夕拾》考满分。

解析：这也是知识输出类短视频内容创作者比较惯用的封面标题之一，值得注意的是，直接陈述观点类标题一定要留有想象的空间，或给观众留有一定悬念，这样才能吸引更多人产生好奇。例如，案例标题中的"偷分""满分"都是作者抛给观众的好处。

4. 直接抛出具体问题

案例：工作越累，工资越低？孩子在学校挨欺负怎么办？

解析：运用这种方式取封面标题关键点，是"你所选取的具体问题，一定要贴近生活、是真实困扰观众的问题"。换句话说，就是接地气。一定要选择切实发生或正在发生的事件，抛出的问题要足够精准、足够场景化。这样才能迫使观众在浏览时瞬间联想到自己身上所发生的事情，进而寻求答案。

`2.2.2` 实践练习：唤醒家长对儿童交通安全的重视

假设你是一名小学教师，近日少儿交通安全事件频发。于是，学校委派你录制一条短视频，对家长和孩子进行安全教育。请思考：该怎样拟定短视频的封面标题，才能让更多家长重视孩子的交通安全问题？

解析：当我们拟定好短视频大致的方向后，首先要做的就是进行拆分。

背景事件：少儿交通安全事件频发。

需要做的工作：通过录制短视频唤醒家长对孩子交通安全问题的重视。

因此在封面标题上就应该突出：儿童交通安全问题以及解决方法这两方面的内容。套用本节所讲述的内容形式，这则标题可以拟定为：

儿童交通安全事件频发，如何解决？

记住这几条，让娃远离交通安全问题！

孩子频繁受伤于车轮，家长该怎么办？

> `Tips`
>
> 撰写知识输出类短视频封面标题时要注意，将重要的事情和想传递的事情直接陈述出来，从而带给观众一种眼前一亮的感觉，然后抛出具体问题，营造一种豁然开朗的氛围。

2.3　意外故事

短视频平台的本质是娱乐场，是大众利用碎片时间进行消遣和娱乐，了解不同生活方式以及人生态度的场所。 那么这就涌现了大批的娱乐类、剧情类、侦探类短视频内容创作者。 对于这些类型的短视频内容而言，营造意外故事、引发阅读者好奇是其拟定封面标题的核心技巧之一。

接下来就为你揭开意外故事类短视频封面标题的撰写方法。

2.3.1 意外故事类短视频封面标题该如何创作

这类封面标题的核心就是通过营造意外故事，激发观众对事情结果的探求。 因此，在拟定这类短视频标题时，可以遵循下列步骤进行思考。

第一步：确立主角。

几乎所有短视频创作者都是普通人。 这时，以"我"为主角，显然说服力不够强。 因此，你可以以"一女子、一男子"，或者"他、她"，再或者"小孩、妈宝男、客服女"等这样的代词作为封面标题的主角。 这样更能增加代入感。

第二步：描述发生的事件。

主角确定好后，要给主角赋予一个事件。 意外故事类的封面标题，一般转折点都在标题的后半段，因此这里的事件需要写得比较平淡，甚至是几乎每个人身边都会发生的事情。 这样更能让观众有身临其境的感觉。

第三步：添加意料之外的结果。

这部分是这类封面标题的重中之重，因此你所设置的结果，一定要足够"匪夷所思"才能够抓住观众的眼球。

2.3.2 意外故事类短视频封面标题撰写模板

1. 事件 + 离奇行为 / 事件

案例： 刚洗好的苹果为何离奇失踪？

一女子整理衣物，发现一封陈年家书。

解析： 上面的封面标题中"刚洗好的苹果""女子整理衣物"属于所发生的事件，而"离奇失踪""陈年家书"属于离奇的行为。 这让观众在阅读时不禁产生前后联想，却无法想象出事情的始末原委，进而激起好奇心点击观看整条视频。因此，在撰写此类视频时，应当注意故事的离奇性，标题的后半段要尽可能地撰写一些按常理来说根本不会发生的事情。这样才能营造故事感和神秘感，进而吸引更多人的浏览。

2. 不应该发生的行为 + 被别人发现（即意料之外 / 不想发生的结局）

案例：考前作弊被老师发现、藏私房钱被老公发现后。

解析：这样的封面标题满足了人们臆想尝试的心态，都是一些观众想去做却没有做的事情。而且后半段明确表示"被发现了"，光是看一下就觉得事情不会那么简单。会让人情不自禁地猜测：主人公是不是遭到了惩罚？事情应该会有反转吧！进而打开视频进行浏览。

3. 直接陈述正在 / 已经发生的离奇遭遇

案例：我被陌生人跟踪了、突然有人拦住了去路。

解析：这样的封面标题，旨在通过直接观看到正在发生的离奇故事，来刺激观众产生联想，进而激发他们打开视频进行阅读的兴致。"被陌生人跟踪了""有人拦住了去路"都是不应该发生的事情。标题却没有将结果直接展示出来，不禁激发观众的好奇心进而产生无限遐想。

2.3.3 实践练习：拟定一个意外故事类短视频封面标题

根据下面资料，拟出一条短视频封面标题。

有一天王先生翻看家里的录像时发现，自家的小狗竟然会帮助女儿偷懒。只要察觉有走路的声音，狗狗就会主动提醒女儿。这让他觉得非常有趣，于是他随即把视频发到了短视频平台上，却在编辑标题时犯了难。你知道该如何为这条短视频撰写封面标题吗？

首先，确立事件的主角，即狗狗；其次，描述发生的事件，即帮助女儿偷懒看电视、提醒女儿别玩了父母回来了；最后，添加意料之外的结果，即成功帮助女儿脱逃。

套用标题模板后，标题可以写成：

女儿看电视时，狗狗暗示大人回来了！

女儿偷懒看电视，狗狗竟提醒大人回来了！

Tips

撰写创作意外故事类短视频封面标题时要注意，一定要先确定事件的主角，然后描述正在发生的事件，从而添加意料之外的结果。这里值得注意的一点是，你所设定的事件一定要真正形成转折化的效果，这样才能让观众觉得眼前一亮。

2.4 满足期待

在日常生活中，你是否也有一些特别想去做，但是又碍于种种原因，一直都没有去做、没有被满足的事情？在短视频平台上，这一切都可以被实现。在浏览时你会发现：总有这么一些视频，让你看后觉得特别的"爽""解气""带劲"，有一种想法被实现的满足感。最典型的就是吃播。无论是大胃王，还是探店，抑或新品试吃类，总能让你有一种身临其境，仿佛他帮你把心愿实现了的感觉。

其实，你也可以利用观众的这个心理，来创作你的短视频内容。

2.4.1 满足期待类短视频封面标题该如何创作

撰写这类封面标题的核心是"满足观众的期待"，因此在选材上就要具有足够的期待性和离奇性。创作该类封面标题的思路大致如下。

第一步：找到别人想做、想知道答案却又无法做到和了解的事情。

回想一下有没有哪些事情，是别人想做、想知道答案，而又碍于各种原因，一时没有办法去做的？把它们全部罗列出来吧！例如，一口气吃 15 盒冰激凌、舔完一根棒棒糖一共需要舔几下？挖穿地球，会掉到另一端吗？千万别以为这些内容特别荒唐，这正好迎合了观众的期待感。

第二步：提炼出关键词，并寻找答案。

找到"别人想做、想知道答案却又无法做到和了解"的事情之后，我们要将这些事情中的关键词提炼出来，例如，15 盒冰激凌、舔完一根棒棒糖、挖穿地球。提炼出关键词后，如果你能通过实践得到答案，那么可以把答案记录下来。 如果不能，那么在视频中直接实践你要做的事情就可以了。

第三步：以探索的口吻拟定标题。

现在，请闭上眼睛思考下，当你和同学或同事在探讨或炫耀事情时，会说些什么？那是一种怎样的语气？没错，不外乎 3 种：说大话（即我能几分钟做什么、你绝对没 ×××）、假设（即假如挖穿地球会发生什么？假如地球能被挖穿！）、询问（即地球能被挖穿是真的吗？）。 直接将你所罗列的关键字和答案，按照那种语气罗列出来即可。 比如，10 秒吃 15 盒冰激凌是怎样的体验？

2.4.2　满足期待类短视频封面标题撰写模板

1. 几分钟 / 几元钱 / 其他单位数据 + 做什么事情（提炼数据）

案例： 10 秒钟吃 50 串烤串、10 分钟车里化妆。

解析： 撰写这样的封面标题之前，一般都是心里已经有了一些答案。 而这个答案，却比一般人要快、要迅速得多，因此撰写出来才会给人一种震撼感。

2. 假设 + 事件

案例： 假如学校禁止写作业、假如垃圾可以支付、假如挖穿地球会发生什么。

解析： 这样的标题一般脑洞大开的年轻人比较惯用，创作起来也很简单。 一共有两种思路：思路一，首先利用移花接木的方式，将不可能的事情变成现实；其次在内容中猜测并呈现这一想法实现后，生活会变成怎样，例如，假如垃圾可以支付、假如按胖瘦打分。 思路二，直接阐述即可。 例如，挖穿地球会怎么样，勒爆一个西瓜需要用多少根皮筋？

3. 网传事件 + 真的可以吗 / 是真的吗

案例： 据说盐 + 冰块就可以炒冰，是真的吗？

香蕉可以充电，是真的吗？

解析： 这样的封面标题往往跟随近期的热门事件或热门话题所产生的（即观众本身比较关注或好奇），并且账号内容创作者可以对观众给出确切答案的（即能够为观众揭晓答案）。因此，在撰写这类封面标题时，只需找到关注度、讨论度比较高的话题即可。当然，在后续的短视频内容中一定要实践、求证这些话题，并把答案录制下来。

4. 挑战 + 一天只做 + 事件

案例： 挑战一天只吃绿色食物，挑战一天只吃名字里带"木"字的食物。

解析： 这是短视频创作者比较惯用的一种封面标题形式（一般吃播类短视频比较常用），撰写时可以围绕食物的形状、颜色、口味、价格等多个维度发起挑战。当然，如果你不是一名吃播，也可以延伸到自己所在领域。在创作时只需设置一个条件，并遵循和实践即可。例如，旅游类短视频内容创作者可以这样写：挑战一天 100 元，玩转大理！挑战一天徒步穿越某座山。

Tips

撰写满足期待类短视频封面标题时要注意，找到别人想做却无法做到且不够了解的事情，提炼出关键字并找到大众可以读懂的答案。以探索的口吻拟定标题，才能给观众一种"跳点"的感觉，达到让人惊呼"天哪！这就是我想要的那个点"的目的。

2.5　秘密外露

在短视频平台中有这样一批内容创作者，他们似乎是某个特定领域的知情人。每天都会爆料一些内情。例如，很多打假类账号，就为我们揭露了很多生活中以及各个行业的秘密。还有一些商业类账号，为我们讲述了很多明星企业和明星企业家的故事。这些都满足了观众的好奇心理。

2.5.1　秘密外露类短视频封面标题该如何创作

创作这样的短视频封面标题，必须拥有一个前提，那就是你对你所爆料的事情或行业要有足够透彻的了解，这样内容才能支撑得起标题。当然，撰写这样的封面标题也有几个步骤可以遵循。

第一步：浏览关键词，寻找线索。

如果你是零基础，但是还想要创作揭秘类内容，那么首先需要学会的不是如何撰写封面标题，而是如何寻找素材。假如你想创作商业揭秘类内容，那么你搜索素材时就应该首先提炼出关键词。例如，你想揭秘马云的创业史，就可以搜索"马云""马云创业""马云履历""马云创业历程""马云创业史""马云创业故事"等关键词，将相关的素材全部找到。搜索途径可以选择微信、微博、行业网站、百度、知乎、商业媒体 APP、行业网站等。

第二步：将关键词和所想要讲述的事情罗列出来。

找到素材之后，接下来就需要对素材进行深加工处理了。简单而言，对素材进行加工可以分为几个维度：①切割关键时间节点，例如，马云的创业史一共分为几个部分，转折点分别在哪个时间段；②找爆火的事件，例如，有没有被媒体特别关注的事件，如果有，那么可以寻找一下事件前后的新闻，探寻事件背后的起因；③提炼你发现的新奇的点，例如，你发现很多企业家都来自一些知名学府，那么就可以记下具体有哪些企业家、来自什么学府等。这些就是你创作封面标题的素材。

第三步：最后用聊天的方式将标题呈现出来。

想象一下你平时和别人聊天想要告诉别人一件事情时，会怎么说？没错，就是直接说出人名＋事件，或者直接说出你知道的秘密。这些就是你撰写封面标题的框架形式。

2.5.2　秘密外露类短视频封面标题撰写模板

1. 揭秘 + 行业现象

案例：揭秘控糖的三大谣言，揭秘拼多多为什么那么便宜。

解析：这类封面标题一般都会把秘密直接说出来，或者把现象写在标题的后半段。例如，上面两个案例中"控糖"和"拼多多很便宜"就是想要阐述的现象。

2. 明星或名人名字 + 事件 / 这个明星或名人身上发生的事情

案例：丁磊创业史，顺丰快递与马云的恩怨。

解析： 找到你所了解的明星或名人，列出名字，如丁磊、马云等，再在标题的后半段加上事件，例如，创业史、身价不菲等。在讲述事件的同时夹杂着名字也是可以的，例如，顺丰快递与马云的恩怨。只要封面标题中涵盖公式中的两大元素就可以啦。

撰写秘密外露类短视频封面标题时要注意，在撰写前一定要找到一条线索，然后将你想要讲述的事情罗列出来，最后用通俗易懂的语言描述出来，从而将标题进行完全呈现。例如，揭秘＋行业现象、明星或名人名字＋事件／这个明星或名人身上发生的事情。

2.6　感官冲击

回想一下，在日常生活中，别人怎么和你说话你会有感同身受的感觉？没错，一定是向你描述体验感时。那么为什么不把这种感受呈现在短视频的封面标题上呢？现在，请试着分析下列两组标题。

第一组：

①吃一盘烤肉

②吃一盘滋滋冒油、咸甜适中的烤肉

第二组：

①试驾一下吧

②引擎嗡嗡作响时，我恍然成为王子

你认为，每组标题中的哪一个能让你更感同身受呢？没错，一定是每一组中的第②个标题。短视频封面一般都拥有固定的长度，太长的标题会被截取，最好为10～12个字。那么该如何在这么短的字数内吸引观众的注意力呢？答案非常简单，那就是通过对视觉、听觉、味觉、嗅觉、触觉的描述，让观众有一种亲自体验之感。

2.6.1 感官冲击类短视频封面标题该如何创作

要想理清感官冲击类短视频封面标题的创作思路，那么首先就要明白，感官冲击到底是什么？应该从哪些方面入手？下面就来逐一进行探讨。

视觉： 即看到的事物。比如，形状、颜色、像什么、多大、多高、什么场面等。

听觉： 即听到的内容。比如，是什么声音？什么感觉（刺耳、轻柔、循序渐进等）？像什么东西？怎么样了？

味觉： 即品尝到的味道。比如，味道，像什么样的／与什么类似？让你回忆起了什么？

嗅觉： 即闻到的气味。比如，什么气味（香气扑鼻、恶臭难耐、薄荷和茉莉花混合等）？让你感受到了什么（即春天般温暖、像进入仙境等）？

触觉： 即触摸到的。比如，什么感觉？如软绵绵、硬硬的。让你有种什么感受？如像棉花一样。

列好这些感官所带来的感受之后，直截了当地将这些感受说出来即可。

2.6.2 感官冲击类短视频封面标题撰写模板

事实上，这类封面标题并没有特别固定的模板，只需找到一个话题点，然后把自己的感受直接说出来即可。如果实在没有思路，可以尝试套用下列撰写模板。

味道／声音＋主题＋引导词

注意： 引导词可以是优惠价格，也可以是疑问词，可以根据自己的需要进行调整。

案例： 肉香飘出巷子口的酱货店、0 噪声吸尘器 9.9 元抢

解析： 这类撰写模板主要应用于探店类短视频封面。

Tips

感官冲击是指某种东西对人的视觉、听觉、味觉、嗅觉或触觉造成了一定程度的影响。当我们将对某件事情的真实感受用声音、画面表达出来时，观众才能有一种真正的惊奇感。

2.7　情怀牵引

情怀牵引就是利用人们在特定历史时期、特定事件中的境遇，通过情景再现或旧物件展示的方式，唤醒大家的记忆以及对那段时光的怀念。在短视频平台中搜索"怀旧"关键词，不仅能看到 20 世纪 80 年代的吃食，更能了解到那个时代的特殊事件。例如，超生、封窗扇等。当观众看到以后产生了对那段特殊时期的回忆时，其目的就已经达到啦。

2.7.1　情怀牵引类短视频封面标题的撰写步骤

想要创作好此类封面标题并不难，重点在于找到特殊年代以及标志性的事件或物件。在大多数情况下，选择此类题材的创作者都拥有亲身经历。其封面标题的创作过程，也遵循着一定规律。简而言之，其撰写步骤可以分为以下 3 步。

第一步：确定一个特殊年代 / 特殊事件。

你是属于哪个年代的？在你所处的那个年代中，大家做没做过同样的事情？有没有发生过特殊事件？比如，计划生育、"非典"、新冠疫情等。

第二步：思考在那个年代 / 事件中，大家在一起都做了什么？有没有什么代表性的动作或物件？

接下来，请回忆在你所处的年代中，大家都做没做过什么同样的事情？比如，70 年代的喇叭裤。有没有代表性的物件？如国民床单、缝纫机、凤凰牌二八自行车、BB 机、大哥大等。这些都是绝佳的素材。

第三步：用询问的语气，将找到的东西罗列出来即可。

就像多年挚友重新见面一样，用询问的语气，将上述内容整合起来即可。比如，你还记得小时候的乐高吗？

温馨提示： 你所寻找的年代 / 事件一定要是有一定人群基数的，千万不能太小众，否则就会造成内容不错但是没人感兴趣的局面。

2.7.2　实践练习：拟定一个情怀牵引类短视频封面标题

李妈妈今年 60 岁了，退休后的她想要通过互联网为大家讲解美食做法。

可是她发现，短视频平台的创作者要么颜值较高，要么拍摄手法比较老练、比较专业，自己却毫无优势。而且最让她犯难的就是为短视频撰写封面标题，完全没有思路。那么你能帮助李妈妈创作一个比较新颖的短视频封面标题吗？

解析： 根据上面资料可知，李妈妈今年 60 岁，由此推断出她应该生于1960 年，属于"60 后"。那个年代的人经历过三年自然灾害，人们主要是吃野菜团子、苞米面贴饼子、窝窝头等食物。

因此我们找到的关键词是"60 后"、野菜团子、苞米面贴饼子、窝窝头等。结合李妈妈想做美食类短视频这一前提，所以李妈妈的短视频封面可以写成：这样的野菜团子你还记得吗？吃过这样苞米面贴饼子的人你还好吗？

Tips

撰写情怀牵引类短视频封面标题时要注意，一定要确定一个特殊年代/特殊事件。思考在那个年代/事件中，大家一起都做了什么？有没有什么代表性的动作或物件？然后再用询问的语气，将找到的东西罗列出来即可。

2.8　交换人生

你每天都过着三点一线、平凡的上班生活，这时突然有人向你展示了荒野求生或大学校园里的生活，你会有何反应？没错，那一定是迫不及待地点击进去浏览一番。了解除了自己的这种生活，世界上还存在着怎样的生活方式？那为什么不利用好这一点进行短视频内容创作呢？

2.8.1　交换人生类短视频封面标题该如何创作

这类内容一般基于短视频账号中别样的人生体验衍生而来，一般情况下这类封面标题的撰写步骤分为以下几步。

第一步：总结现有生活中的不同之处和你所代表的人群。

例如，如果你是初二学生的父母，那么你和其他人不同的是，初三学生更需要营养和合理膳食搭配，那么你的短视频封面标题就可以体现在"初三娃""早餐"等关键词。再例如，如果你生活在荒山野岭，喜欢荒野求生的感觉，那么你和其他人的不同之处就在于，大众无法想象到你靠什么吃饭、靠什么生活。那么你的短视频封面标题中就可以体现在"荒野上""吃点啥"等关键词。总之，撰写这类封面标题的第一步就是找到你与大众生活的区别，以及你所代表的人群是怎样的。

第二步：找出观众的好奇点并身临其境。

还是以初三学生的饮食举例子，关于这个问题观众的好奇点肯定在该怎么合理搭配膳食、肉菜和素菜的比例等方面。还有些人好奇在该怎么变着花样为初三学生做饭。你的短视频封面标题可以是：初三学生父母必学的100种鸡蛋做法，初三娃的早餐到底该怎么搭配。如果是荒野求生的主题，那么大家比较关注的无非就是没有食物怎么办、如何获取水源、怎么自建房屋等一系列问题。这时，标题就可以是：在野外如何获取水源？身上没食物，到野外怎样填饱肚子？

第三步：增加疑问词或感叹词。

当然，为了确保标题能够给观众一种身临其境的感觉，或者激发观众好奇心，可以在标题中增加一些疑问词或感叹词。例如，"惊呆！初三妈妈给孩子这样做早餐，上课精神100倍！""初三娃怎么吃才健康？速看！""人在野外该怎样寻找食物？""流落野外这样的水源靠谱吗？"。这样观众阅读后就会有一种身临其境的感觉，或者激发了其好奇心。

2.8.2　实践练习：拟定一个交换人生类短视频封面标题

王先生家住在镇上，他有一个小别墅和一个小花园。值得一提的是，小时候他经常去家附近的山里玩耍。吃野果、采蘑菇，玩儿得特别尽兴。最近，他想入驻短视频平台，但却不知道该录制什么样的内容，如何撰写封面标题。那么，你能帮帮他吗？

解析： 根据上面素材可知，王先生的居住环境与一般人不同的点是：①有一个小别墅和一个小花园；②家附近有一座山，而且山上可以找到能吃的野果和蘑菇等。

根据他家的地理位置和自然环境，总结出观众可能比较感兴趣的点如下。

家有别墅是怎样的体验（讲解别墅生活）？

家有小花园应该怎样打理？需要种点啥？

探秘大山。

野果或野蘑菇辨识。

那么王先生的短视频封面标题就可以拟成：

家有别墅是怎样的体验？

家有小花园，这样打理省时又省力！

如果被困大山，什么样的东西可以吃？

哪些蘑菇有毒？哪些蘑菇能吃？

Tips

撰写交换人生类短视频封面标题时要注意，一定要先写清楚自己的不同之处是什么。与此同时，在标题中适当增加感叹词和疑问词以激发观众的好奇心，让观众在浏览之后，有一种发现了另外一种生活的感觉。

设置意外：7 个钩子，提升你的完播率

那么撰写好短视频的封面标题，将观众吸引进来，就万事大吉了吗？答案是否定的。你的封面标题再好、再吸引人，但是内容平平无奇，观众也是会流失掉的。而更重要的是，短视频平台中的一条视频的完播率还影响着你上热门和被推荐的概率。

因此，一定要重视内容。而要吸引用户的眼球，提升短视频内容的完播率，也是有章可循。本章就来介绍 7 个内容钩子，让你狠狠地勾住观众。

3.1 痛点揭发

要想了解痛点揭发该如何应用，首先要知道什么是痛点。痛点，即人们比较关注，一直被困扰，却一直没有被解决的问题。当然，你也可以把痛点理解为客户最恐惧、最焦虑、最渴望解决的那个问题。

了解什么是痛点之后，接下来就来讲解如何寻找痛点。

3.1.1 如何寻找痛点

试想一下，到底什么样的事情或问题会让你感觉痛？没错，一定是要真实地发生在你身上，尚未解决甚至非常棘手的事情。因此，在寻找痛点时，也应该抓住"真实发生""很难解决"这两大元素。

值得注意的是，由于短视频内容长度一般为 0～50 秒，因此推荐每一期只讲述 1 个痛点，切忌一期讲述过多痛点，否则会造成信息分散，反而会让

观众摸不着头脑，不知道你要讲什么。

此外，由于短视频内容创作是一个长期且持续的过程，难免会遇到灵感枯竭时。此时，可以去专业的行业网站、论坛、微信群、公众号，甚至还可以在短视频平台内寻找同类短视频，借鉴别人的经历、问题，从而发现和挖掘自己的痛点。

温馨提示： 寻找的痛点一定要足够细化、足够场景化，所找的痛点不宜过多，也不宜过于空泛，否则，就会造成观众不知所云、无法感同身受的局面。

3.1.2　痛点揭发这一技巧该如何应用

回想一下，你在什么情况下，可以回想起那些让你比较恐惧、焦虑以及迫切想要解决的事情？没错，一定是情景再现，或者问题就摆在眼前不得不去处理时。因此，痛点揭发式的短视频内容一定要在开头就激发出观众必须解决这一问题的急迫感。在使用痛点揭发这一技巧时还需要包含下列元素。

描述具体面临的问题。
营造出或描述出真实的问题场景。
进行点题，抛出大家想问的问题。

这是痛点揭发这一技巧的应用关键，将开头的第一步做好，观众才有兴趣继续观看你的内容。

案例： 孩子总是跟我撒谎，打过，也骂过，却都改不了，这可怎么办呀？

解析： 这是一则家庭教育类短视频创作者的口播稿，听到这句话你的眼前会浮现出什么场景？是不是也和我一样，眼前浮现出孩子频繁跟你撒谎，你怒气冲冲地对孩子"连打带骂"的画面？"孩子总是跟我撒谎"就是面临的具体问题，"打过，也骂过"是具体的场景，"这可怎么办呀？"是大家想问的问题。

案例： 你在辅导孩子写作业时，是不是也总愤怒地向他抱怨"你怎么这么笨，这么简单的题都不会？"其实，这会伤害孩子的自尊心哦！

解析： "辅导孩子写作业总向他抱怨"是面临的具体问题，"总愤怒地向他抱怨'你怎么这么笨，这么简单的题都不会'"，此处描述了家长辅导孩子写作业时的真实场景，"这会伤害孩子的自尊心"是点题。

　　以上是单人口播稿子的撰写方式。由于短视频内容是动态的视频，因此，你还可以选择找一个孩子与你一起将问题演绎出来，即有真实的撒谎，真实地指着孩子说："你怎么这么笨，什么都不会？"，或者截取影视剧中有此类问题的片段作为开头，再用一句话过渡点题。这种用真实的画面呈现在观众眼前的形式，也同样能起到描述具体问题、抛出真实问题场景的作用。

Tips

　　创作痛点揭发式内容的短视频时，一定要在开头部分讲清楚具体面临的问题，进而还原当时真实的问题场景，抛出大家想要问的问题。

3.2　答案后置

　　请闭上眼睛回想一下，当大家都在哈哈大笑而你却浑然不知发生了什么事情时，你会有怎样的行为？没错，一定是缠着那个哈哈大笑的人，死缠烂打地问："到底你在笑什么？"而且，对方越不说你就越想知道答案。那么为什么不利用这一心理进行短视频内容创作呢？

　　就像观看魔术一样，只有到最后一刻才能见证奇迹。

3.2.1　什么是答案后置

　　答案后置，顾名思义，就是将答案放在短视频内容的最后再来公布。就像一部悬疑片一样，通过层层线索、层层悬念让观众不断地思考：到底凶手是谁？进而在潜移默化中将整部片子全部看完。

3.2.2　答案后置这一技巧该如何应用

　　在短视频内容创作中，答案后置这一技巧主要是通过对短视频整体内容结构的把控达成的。以单条短视频内容为例，在开头部分就要抛出一个悬念，紧接着就要逐步释放线索，这些线索引起观众逐步思考、层层推测，在最后的那一刻揭晓答案。这一技巧一般应用于剧情类、故事类的短视频。值得注意的是，中间释放的线索可以是互相没有联系的，也可以是匪夷所思的，但最后一定要能够让观众抽丝剥茧，领悟线索与线索之间的逻辑联系。

答案后置这一技巧的应用划分为以下 4 个步骤。

（1）开头抛出悬念，即设置陷阱。

（2）中间逐步释放线索，通过线索指引读者思考答案，即掩盖。

（3）辅助推理，让观众找到线索的联系性，即提示。

（4）结尾揭晓答案。

下面就通过几个案例，针对这一技巧，进行逐步分析。

案例一：

合伙人 A：销售经理老李带头吃回扣，他手底下的人也不老实。但如果开了他，业绩会受到影响啊！

老板：【写了张纸条】

合伙人 A：【看了看后】嗯？

老板：好好想想。

合伙人 A：【打开纸条后发现一行字】"淡鱼深养"，难道说……是想让我把淡水鱼放到深水里养？

（镜头切换，合伙人 A 在开大会）

合伙人 A：销售部最近业绩非常好，公司决定将老李升任分公司副总，担任新产品的研发工作。

（镜头切换，老李在升任后游手好闲、打骂员工）

（镜头切换，合伙人 A 和老李在开会）

合伙人 A：三个月了，新产品连个影子都不见？

老李：是他们几个进度太慢了。

合伙人 A：那要你这个副总是干什么吃的？

老李：那我不干了！

......

合伙人 A：老板，您这个捧杀实在是高！

解析： 这是一条有 146 万 + 播放量的短视频的选段，这里用到的技巧就是答案后置。在短视频的开头，合伙人 A 的那句"销售经理老李带头吃回扣，他手底下的人也不老实。但如果开了他，业绩会受到影响"立即抛出了悬念。既想开除老李，又怕公司业绩会受到影响，不知如何是好。（即设置陷阱部分）

随后老板写了张纸条后说"好好想想"，从这开始，就逐渐释放了悬念。老板写纸条给合伙人 A 以及说的那句"好好想想"都是线索。这时，观众便心生疑问"到底老板想要说的是什么？"（即掩盖部分）

紧接着，合伙人 A 的那段独白"难道说……是想让我把淡水鱼放到深水里养？"，就是辅助观众进行推理，让老板留下的线索顺理成章地产生紧密的逻辑性。这时，聪明的观众应该已经知道了老板想让他干什么了（即提示部分）。

最后，将老李升职又开除的那一段，让观众恍然大悟，原来老板告诉合伙人 A 面对这样的问题，需要用"捧杀"的方式进行解决。而仅有这一幕，创作者还是害怕观众看不懂，因此又增加了一幕，即合伙人 A 和老板坐在一起，合伙人伸出大拇指说道"老板，您这个捧杀实在是高"，揭晓了答案，原来老板让他对待老李的办法就是"捧杀"（即获救部分）。

案例二：

妈妈：孩儿他爸，你从今天开始减肥啊！

爸爸：好的，遵命。

（镜头切换，爸爸开始运动。突然，爸爸收到了一条信息）

朋友：晚上吃烧烤呀？我请客。

爸爸：好！

（镜头切换，爸爸穿运动服打电话道："今天那个肉真不错！"）

妈妈：晚上干吗去了？

爸爸：【一遍擦汗一边说】跑步呀！

小美:【看了看爸爸的手机步数说道】从步数上看是去跑步了，也出了汗。不过……为什么身上会有淡淡的肉味？嘴角还有油渍？我猜……你一定是去吃烤肉了吧。

（此时，爸爸慌张地按开了手机。朋友说："老李，烤肉钱给你转过去了哈。"）

解析：在上面的短视频内容脚本节选中，短视频开头"爸爸受到朋友邀请，本来不该去，但依旧答应了"，就是在向观众抛出悬念，让观众心生疑问"到底妈妈和小美能不能发现爸爸偷懒"（即设置陷阱部分）。

短视频中间部分，爸爸和妈妈的对话是抛出线索，但这里的线索没有明确地抛出，只是通过一些细节让观众自己查找，这里的线索藏得非常深（即掩盖部分）。

紧接着，小美的一席话："从步数上看是去跑步了，也出了汗。不过……为什么身上会有淡淡的肉味？嘴角还有油渍？我猜……你一定是去吃烤肉了吧"，这一大段都是在帮助观众抽丝剥茧、找出作者隐藏的线索并将这一切进行串联、帮助观众分析"爸爸到底去没去运动"（即提示部分）。

最后的一幕，爸爸慌张地按开了手机，听到朋友留言"老李，烤肉钱给你转过去了哈"。不言而喻，妈妈知道爸爸去偷懒吃烤肉了，并没有去跑步（即获救部分）。

Tips

使用答案后置技巧，一般需要在视频开头部分抛出悬念，同时在视频中间部分逐步释放线索，利用一些物件、事情、人物进行辅助推理，从而让观众找到线索的关联性，最后在结尾处揭晓答案。

3.3　急速转折

当你开车猛然拐弯或路遇小孩急速刹车时，会产生怎样的感觉呢？没错，一定是神经异常紧绷，而且在缓过神之后会定睛仔细查看，对方有没有受伤？自己有没有受伤？那么为什么不把这种急速转折技巧用在短视频内容创作中呢？

讲着讲着，突然来个 180°的大转弯，没准儿会收获意想不到的效果哦。

3.3.1　什么是急速转折

急速转折就是在故事正常叙述时，突然来个 180°的大转弯，让观众措手不及，来不及防备，感觉出乎意料。从而形成对后续内容的期待，以及对你这个账号的好奇。就像急刹车或在走廊转角突然碰上一个人，脸对脸要撞了一样，让肾上腺素飙升、兴奋异常。

3.3.2　急速转折这一技巧该如何应用

急速转折这一技巧，也需要内容的前后设置合理才能获得满意的效果。其内容框架一般为铺垫（占内容的 60% 以上）+ 转折。其中，内容的铺垫部分一定要做足，这里的"足"表现在以下两个方面。

第一方面是感情足。 将感情推向高潮，让观众沉浸在这种感情中。

第二方面是氛围足。 铺垫部分所营造的氛围要一以贯之，即以一个氛围为核心点进行营造。例如，温馨就是温馨，凄凉就是凄凉，铺垫部分不能有第二种氛围出现。

这样，观众就会全身心地沉浸在这种感情和氛围中，正当他们全神贯注、沉浸于此时，突然来个转折，这样效果就被凸显出来啦。

下面我们就通过几个案例进行深度的剖析，希望能够带给你一些启迪。

案例一：

男人 A： 跟你聚一下子，你咋不乐呵呢？

男人 B： 没不乐呵，今天我女朋友过生日。

男人 C：应该开心呐，那咋还愁眉苦脸的呢？

男人 B：她跟我现在的女朋友一天生日，处了能有 7 年了。当时我们感情老好了，那时智能机刚流行，我省了半年的钱为她买了一部。谁曾想，后来就分手了。结婚前她妈要 30 万彩礼，说没有的话他姑娘得受穷。这我都理解，可当时我也没那么多钱呢，分开那天我们哭得稀里哗啦。后来我就拼了命地努力，现在终于攒够了，可她却不在我身边了。不好意思，说的有点儿多，咱开开心心的，也祝我女朋友 70 岁生日快乐。

解析：这是一个典型的利用了急速转折这一技巧进行内容创作的短视频。从男人 B 的第一句话"她跟我现在的女朋友一天生日"到"可她却不在我身边了"，几乎占用了这条短视频 70% 的内容，这些台词都在表达一种感情，即惋惜他和他前女友的爱情。同时又都在烘托一种氛围，即悲凉、忧伤，感慨男人必须有钱。突然画风一转，"也祝我女朋友 70 岁生日快乐"瞬间把观众带到了另一种情绪中，让观众哈哈一笑。

案例二：

男人：（气势汹汹地说）我成天赚钱不说，还要收拾屋子、洗碗、带孩子、洗衣服、做饭！能不能心疼心疼我？帮我分担分担？

女人：过瘾没？过完瘾把地扫了。

男人：（温柔地说）好嘞。

解析：这是爆红网络的短视频内容文本之一，很多短视频账号都在争相翻拍。其实，这也运用到了急速转折的技巧。开场白男人说的那一席话，为我们营造了一个男人气势汹汹、理直气壮、成为家庭主导的氛围，让我们沉浸在"这个男人终于不堪重压反抗了"的情绪中。这里的铺垫部分几乎占了整个短视频内容 80% 的时间，而后女人一句轻描淡写的"过瘾没？过完瘾把地扫了"瞬间形成了反转。

Tips

撰写急速转折类的短视频内容时，一定要在铺垫部分"填满"感情，同时烘托出足够的氛围和情感。进而让观众陷入某种情绪，然后产生急速转折的效果。

3.4 降维科普

请问你在学习一种特别感兴趣的新知识时是什么反应？没错，一定是瞪大了眼睛，全神贯注、仔细倾听。这就是知识输出的魅力。当你掌握了某项技能、某些历史、某些逻辑时，不妨变身教师，将这些知识分享给更多人。

3.4.1 什么是降维科普

到这里你一定会心生疑问：什么是降维科普？我有资格做降维科普吗？这种知识的传递不应该是教授或教师才有资格做吗？下面就来逐一进行详细解释。

降维科普是指下降一个维度进行科普。例如，我们都知道医生在着急的情况下，会说出一连串的专业术语，根本不会给你详细地解释病情。这时，你即使听不懂，但也必须做出一些决策。显然，此时你和医生的沟通就不在一个维度。而如果医生使用肢体语言，再用通俗易懂的话将病情和专业术语为你详细解释时，这时医生在做的这件事情就叫作降维科普。简而言之，降维科普就是你要说对方能懂的话，即零基础倾听者能懂的语言，让对方了解和掌握你想要传递的知识。

降维科普并不只局限于教授、专家这类人群，普通人只要掌握了一门可以安身立命的本领、学习到了某些技能和逻辑，那么也可以做这件事情。毕竟，没有哪个人是全能的，长期任教学校的学术讲师可能需要倾听成功企业家讲解创业经验，就算考上名校的学霸也会渴望听到人生阅历丰富者讲解自己的为人处世准则。可能这个人擅长医学养生，那个人擅长历史人文，每一个人所钻研的领域都是不尽相同的。那如果，我们想对其他领域进行探索和学习呢？要知道零基础的人是听不懂专业术语的，如果你能将术语简化成他们能懂的语言，恭喜你！已经胜任了这一角色。

3.4.2 降维科普这一技巧该如何应用

要想用好降维科普这一技巧，就一定要做好两个步骤：第一，选材；第二，翻译。

选材，顾名思义，就是选取素材。短视频内容一般篇幅比较短，建议每期短视频内容只选取一个素材、讲解一件事。选材，要选取和观众生活息息相关，观众最感兴趣，常说常见但又不知道缘由和背后历史，或者最有趣的素材。选材时还要注意适中的原则，即选取高于观众认知（不能是人人都懂），但又不太晦涩高深（也不是学术感登峰造极）的素材。而如何抓好这个度，则是每个短视频内容创作者见仁见智的事情了。

翻译，即要通俗易懂。在这里的翻译是指用零基础的人员能听懂的话进行表达，也就是俗称的"大白话"传递你想要告诉观众的事情。例如，你想说"文章发布载体的选择"就不如用"发布文章的平台选择"比较通俗易懂。总之，你要想尽一切办法，用观众能懂的语言传递知识。

案例一：

你听说过癌中之王吗？有一天你的皮肤黄了，你被送到了医院，你被实行剖腹探查术，全身麻醉过后我们切开了你的肚子。为什么皮肤发黄要切开肚子呢？我们开始检查你的肝、胆、胃、肾、肠，我们提起你的胃，发现你的胰腺有一可疑肿物。它在隐匿地生长，一般发现时已经是晚期，放化疗是最后的方法，无法切除，关腹！90% 的人在一年内死亡……胰腺在我们肚脐的上方，胃的后方……

解析：上面的短视频内容文本节选的作者本身就是一名医生，但他却没有选择专业的医学术语，而是通过水果模拟手术 + 大白话的方式，向我们介绍了胰腺癌。这个账号是降维科普类技巧应用的典范。事实上，医学术语和病症有很多，而这位医生则选择了一些常见病做成短视频，这就做到了选材的适中，即选择离观众生活比较近的话题和内容。此外，这里的翻译，应用到了两方面的技巧：第一，直接用水果模拟，这样大家获取知识也比较直观；第二，全篇都是日常生活中常见的大白话，在通篇的内容文本中，几乎找不到任何专业的词汇，即浅显易懂。就这样，一个常见病和为什么皮肤黄要开腹检查这个疑问，就轻而易举地向观众解释清楚啦。

案例二：

其实很多外地朋友都说北京人了不起，都是皇城根底下的人。其实，这种说法是错误的。皇城根也有着它自己的范围。比如说紫禁城，然后它后边的景山公园、西边的北海公园，包括中南海，这个范围，这个区域，外边有围墙给它围起来，这个才叫皇城。

解析：这个短视频内容文本，可以看出这是一个典型的传递知识的账号。这一期选材"皇城"，就是迎合了选材的适中选择。几乎每个外地人，都有北京是"皇城"这种想法，有些人还曾经念叨过。选材于此，就做到了离观众生活很近。而他没有滔滔不绝把皇城的由来等知识都给讲述出来，而是选择通过一张地图，并且用讲一个地名就在地图上标注一个地名的形式，让观众一目了然地了解到到底哪些位置是皇城。这就符合了通俗易懂的原则。

> [Tips]
>
> 降维科普这一技巧在应用时需注意，选材要适中。此外，还要用零基础者都能听得懂的语言进行知识的传递。

3.5　亮出爆点

当有人突然向你扔一个东西，突然拉你一下，突然和你说一个离奇的观点，你会有什么感受？我相信大多数人的反应就是被吓一跳或惊讶，然后停下来，看一下后续还会发生什么。那么为什么不将这种心理利用起来，植入短视频内容中呢？

3.5.1　什么是亮出爆点

亮出爆点就是将短视频内容的高潮部分或引人入胜的观点先亮出来，从而引发观众对事情本身的好奇，进而一秒不落地浏览完全部内容。你也可以理解为，先抛出一个无厘头的动作、内容、观点，让观众产生好奇，从而一秒不落地浏览完全部内容。

3.5.2　亮出爆点这一技巧该如何应用

看完上面的陈述想必你一定能猜到，亮出爆点这一技巧，需要在短视频一开始就抛出来。这样才能起到刺激观众寻求答案的目的。而爆点的类型，一般又分为以下几种。

第一种，观点类。这个比较好理解，就是将最离奇、最反常的观点，在短视频开头就说出来。从而起到让观众产生疑惑或惊讶的作用，进而看完全部视频探求答案。

第二种，动作类。就是在短视频开头，以演绎的方式抛出爆点。例如，在视频开始就挨一顿暴打！这样观众就会产生疑问"他为什么要挨打？"，进而带着好奇查看事情的来龙去脉。

第三种，遭遇类。这种类型更能给人一种真实感，在视频开头说出自己的遭遇。例如，被妻子扔出家门、半夜回家没带钥匙等，进而刺激观众观看你的遭遇。

案例：一年了，我终于成功地带老婆孩子又回来了。去年……（此处省略 800 个字）。

解析：这是非常典型的遭遇类亮出爆点的开篇，即用一句话点出已经做成功的事情或现在的遭遇，引发读者好奇，他为什么回来了？怎么离开的？紧接着，缓缓讲述事情的来龙去脉即可。特别提醒：上面只是一个简单的案例说明。在实际操作过程中，为了让观众更加好奇，还可以把遭遇说得更具体、更离奇。例如，一年，我拼出了 6 套房，终于带孩子又回来了。此时，观众不仅会好奇为什么回来？当初为什么离开？更会好奇一年是怎么拼出 6 套房的？

Tips

亮出爆点就是将短视频内容的高潮部分或引人入胜的观点先亮出来，让观众觉得莫名其妙、为什么会这样做，从而引发观众对事情本身的好奇，进而一秒不落地浏览完全部内容，同时产生惊喜感。

3.6　不走常理

如果你每一天都穿梭在家和公司之间，突然有一天公司放假，有人约你出去玩，你会有什么反应？没错，一定非常开心、满怀期待。那么为什么不将这一心理运用到短视频的内容创作上呢？

3.6.1　什么是不走常理

不走常理就是运用出人意料的方式，创作你的短视频内容。例如，大家都在讲数学知识，这时你通过数学知识讲人生哲学；大家都在变着花样地做美食，而你却利用美食作画、做摆件、做乐器，这就叫作不走常理。这样能够带给人一种出其不意的新鲜感，进而让观众如饥似渴地观看你的短视频。

3.6.2　不走常理这一技巧该如何应用

那么，不走常理这一技巧又该如何运用呢？根据作者团队针对短视频平台近 500 个账号的观察发现，目前这一技巧的应用形式可以分为以下几种。

学科混搭： 让观众以为你讲述的内容是 A 领域，但实际上你输出的内容却是 B 领域。例如，你的短视频内容和整体环境是实验室，但却通过做实验告诉观众人生哲理、销售方法、心理学等知识。这就叫作学科混搭。

案例：

老师： 这是什么？

学生： 塑料瓶。

老师： 这么一压，是不是蛋黄就进到瓶子里了？

学生： 是的。

老师： 说明了什么道理？

学生： 压强……

老师： 实际在生活中啊，有些人本质上和大多数人就不是一类人，只需找到适合你的环境，马上你就能脱颖而出。

解析：

上面是比较常见的短视频账号内节选的内容文本。看完这条短视频，最深刻的感受就是：明明在上课，怎么跑到人生哲理中来了？前边"教师和学生做实验"就是让人错以为是要讲述一个知识，而最后的人生哲理总结，瞬间将观众带入了"心灵鸡汤"中。

形式创新：就是开辟新的内容形式。你可以将传统的电视、电台节目等搬到短视频平台中，也可以独创。例如，大家都发布做饭的内容。而你可以发布测评，即测试根据美食主播所阐述的内容，做出来的饭到底好不好吃。这就是内容形式上的创新。这种创新能够让观众产生耳目一新的感觉，进而持续关注。

年龄 / 物种移位：简而言之，就是让孩子做大人的事，让动物做人该做的事。让观众有一种"孩子不应该吃糖看电视吗？为啥推理能力这么厉害？""狗狗和猫猫不应该每天就是玩和吃吗？为啥能帮主人做菜，还能表达这么多情感？"疑问，这样，同样能起到震撼的作用，进而吸引观众看完整条视频。

> **Tips**
>
> 在撰写短视频内容时，可以尝试变着花样地将两种不同维度的东西混合在一起。例如，大家都在讲数学知识，这时你通过数学知识讲人生哲学；大家都在变着花样地做美食，而你却利用美食作画、做摆件、做乐器。这样能够带给人一种出其不意的新鲜感。

3.7 直接引导

当有人告诉你做完一件事就能获得想要的东西，你会怎么样？没错，就是在物质的激励下努力地做事，直到将事情全部做完。那么为什么不利用这一心理，在进行短视频内容创作时，引导你的观众，将你的短视频内容看完呢？

3.7.1 什么是直接引导

直接引导，顾名思义，就是在短视频的开头直接告诉观众，看完之后有惊喜，看完之后有好处，看完之后能看到上一期的答案，进而吸引观众观看完一整套你所要表达的内容。因此，这就需要你在短视频开头，直截了当地抛出问题或惊喜。例如，上期答案在视频结尾、看到最后有惊喜等，刺激观众浏览完全部内容。

3.7.2　直接引导这一技巧该如何应用

开头抛出问题/惊喜：在短视频的开头，直截了当地说出结尾有什么，进而吸引观众浏览完全部内容。例如，结尾有彩蛋、上期答案在结尾等。

在视频尾部将惊喜呈现：这样的短视频内容，应当在短视频的开头对观众许下了诺言，承诺在短视频的末尾会给大家呈现出菜单或答案。因此，在短视频的结尾，一定要呈现你所承诺的东西，这样观众才会觉得你守信用，在下次再使用这个技巧时，还会按照你的提示去做；否则就会失信，短视频内容也就不会再有人进行关注了。

`Tips`

> 直接引导类内容就是告诉观众在视频结尾处有惊喜，进而牵动着观众看完一整集你所要表达的内容。比如，结尾点双击好运连连，或者答案在最后速看！引导观众看完整条短视频的内容。

引发不服：8个技巧，让观众主动互动

很多人都说"互动量是上热门的关键"，只有互动量上去了，才能证明你的内容的确被短视频平台上的观众所喜爱。那么问题来了，该如何刺激观众主动和你互动呢？现在，不妨仔细回忆一下，你在什么情况下会主动回应别人？先别着急说出答案，仔细阅读本章吧，看一看我们所思考的是否一样。

4.1　说他不行

不得不承认，很多时候我们的潜力都是被逼出来的。请回想一下，你所学习到的可以傍身的技能或你取得最大进步的时期是在什么时候？没错，一定是大家都不看好你、都说你做不成的时候。此时，你一定拥有浑身使不完的劲儿，通过努力、尝试证明自己是可以的。因此，在制作短视频时，也可以利用这一心态刺激你的观众通过互动反驳你。我们暂且把这一技巧叫作"说他不行"。

4.1.1　说他不行到底是指什么

说他不行，一般是在短视频中以"绝对做不到、绝对达不到、绝对猜不到、不可能有"等说法为由质疑和否定观众，以激发观众产生叛逆心理，让观众主动留言打破你的预言的一种手段。简而言之，就是激发观众的不服心理。

4.1.2 说他不行这一技巧该如何应用

这一技巧一般应用于短视频的中部或后部，一般有以下 3 种形式。

在对话中让演员对着另一位演员说。 这主要应用于剧情类短视频中。在演绎的过程中，其中一位演员略带嘚瑟地对其他演员说"你不可能有×××物件"或"你不可能打出××字"，然后当视频发出去后，你会惊讶地发现，下面全是关于这个物件的照片或这个字。

在视频的开头或末尾直接对观众说。 这一点比较好理解，就是在短视频的开头和末尾直接用略带挑衅的语言说观众不能怎样怎样。例如，不认识这个字、不能打出这个字、不会有这样的待遇、没有见到过这么盛大的场面等。

直接亮出优越感。 当你看到一个人在嘚瑟、360°无死角地彰显自己有多么厉害时，你会作何反应？没错，一定是反驳。因此，不妨在短视频中亮出你的优越感，例如，晒出一排排的名车钥匙、一摞摞的房产证、自己独有的奖状、孩子优异的学习成绩等，这些都足以激发观众对你的不服，在这种心态下自然而然地就会形成比拼与互动。

4.1.3 案例剖析

案例一：

同学 A：你在干什么？

同学 B：我在练习写"不"字。

同学 A：不是，你把右边的点写成了捺，这就不是"不"字了。

老师（冲着两名学生说）：这个字，也是汉字，念 dǔn，有砧板的意思。但是这个字比较罕见，输入法也输不出来哦。

解析： 这是我和我的团队成员所创作的一条汉字科普类短视频内容文本，发布后播放量达到了 110 万。最后老师的那句"但是这个字比较罕见，输入法也输不出来哦"表面上是冲着同学 A、B 来说的，实际上，就是对观众说的（即说他不行）。这条视频发布之后，创造了这个账号评论的最高纪录，达到了 7 万条评论，而且评论区清一色地打出了这个字，而且用户还自发地根据这个字进行了讨论（见下图）。

案例二:

记者: 之前你说东北人嫁女儿嫁妆给的是彩礼的双倍, 是真的假的?

女方: 其实也不全是。

男方: 像我老婆那里给的就不是双倍。

记者: 唉, 我还以为东北人出手真的有那么阔绰呢!

男方: 我老婆那里给的是 10 倍。

解析: 上面的短视频内容文本, 其中"给的是 10 倍"就是用到了典型的"晒优越"这一技巧。让观众看后有一种"真的假的"的疑惑, 进而自发地进行讨论和互动。

Tips

"说他不行"就是在短视频中以"你绝对……不行"为核心, 激起观众的逆反心理, 让观众主动留言打破你的预言的一种手段。简而言之, 就是要让观众感觉到不服气, 从而挑战规则、改变规则。

4.2 故意做错

回想一下, 在上学时, 当你发现老师解题有错误时, 你会有何反应? 是不是非常兴奋？然后自己还会马不停蹄地查资料、翻课本，证明自己的正确性呢？那么为什么不利用这种心态，在制作短视频内容时刺激一下你的观众，使其和你互动呢？

4.2.1 故意做错都包含哪些方式

在短视频平台中，一个个账号就相当于"教师"的角色，一些淘气的孩子总想进行挑战。尤其是知识类的账号，这种情况则更为盛行。因此，你便可以利用这种心态，在制作短视频内容时，故意做错、说错、犯错，让细心的观众帮助你挑出错来。这样便在无形中增加了你与观众的互动性。

当然，故意做错这种行为也需要遵循着一定的方法，要尽可能"原生态"地表现，像是真的忘了、漏掉了，才更能激发观众"挑错"的劲头。

故意做错包含以下几种形式。

故意说错： 这是短视频内容创作者比较惯用的一种形式，一般是指在制作短视频内容时故意漫不经心地说错字音、叫错物品的名字。让观众觉得，这个短视频创作者真的不懂，进而留言进行提醒。

故意放错： 这种一般在手工类、美食类短视频内容中应用得比较多。就是在短视频内容创作中，一边做手工或美食，一边解说。但是，其中一个步骤解说跟动作对不上，这时，热心的网友便会在第一时间留言提醒，进而形成互动。

故意无视： 是指在短视频内容创作过程中，故意放一个让人觉得一定能用得上的小动物、小物件、小元素等，却无视它，不去管它、不去用它。进而让观众提醒"还有别的呢"，从而促成互动。

4.2.2 案例剖析

案例：

起锅"烧牛"，倒入"碑"县豆瓣，加入切好的土豆块、萝卜块、肉丁，倒入黄河水……

解析： 这是一条美食类短视频内容文本节选。在这条内容中，"起锅烧牛""碑县豆瓣"都属于故意说错的范畴。"黄河水"也根本不存在，如果真放了，肯定浑浊不堪不能食用。这就给观众留下了足够的话题。下方评论也是围绕"什么叫起锅烧牛？""黄河水能喝吗？"等问题进行讨论。

在短视频平台中，一个账号的号主就相当于教师的角色。那么事实上，挑战权威和教师其实是每个人内心深处最想做的事情。因此，你可以利用这种心态，在制作短视频内容时，故意做错或说错一些事情，让细心的观众帮你挑出来，这样在无形中就增加了互动性。

4.3　漏掉信息

回想一下，当你快要拼完一幅拼图，却发现少了最后一块时，你是什么感觉呢？想必一定是到处寻找，直到找到遗失的那一块才肯罢休。那么我们在短视频内容制作过程中，为什么不采用这样的技巧，吸引观众与你产生互动呢？

4.3.1　漏掉信息这一技巧该如何应用

漏掉信息，顾名思义，就是故意将短视频内容中的一部分内容隐去，激发观众的好奇心，进而与你留言互动，寻找答案。其操作方式也非常简单，大致分为以下 3 种形式。

回复看答案。这种方式需要将你的短视频内容变成一道题，既可以讲故事、猜灯谜，也可以直接出题，然后吸引观众一步步浏览你的短视频内容，在短视频的最后也不揭晓答案。这样，观众只能在冥思苦想之后，留言才能得到答案。或者向你询问，到底他想的对不对？进而形成自发讨论。当你发布下一期视频时，答案自然就揭晓啦。

案例：

一个姑娘真可爱，专把树叶当饭菜。

辛勤吐丝献终生，织成丝绸做穿戴。

你能猜出，是什么吗？

把你猜到的告诉我，答案在下期公布哦～

解析：上面就是典型的漏掉信息这类短视频内容的范本。整条短视频内容都只表达了谜面，却始终没有说出答案。即隐去了答案部分。

漏掉情绪。就是将短视频中的某个角色逼到绝路上，让人感觉这个角色特别惨、特别衰、特别倒霉、特别生气、特别傻等，但这个角色自己不爆发，视频中其他人也不愤怒，进而激发观众对于角色的同情心，从而主动留言互动、抒发内心的感受。

案例：

服务员：先生您好，请问需要点什么？

先生：你们这都是卫生的吗？

服务员：放心先生，都很卫生，每天都有人来检查，而且我们都是持健康证上岗。

先生：我妈说了，不让我在外边吃脏东西。

服务员：那您进屋去后边喝，后边是屋里，那里很干净。

先生：那你给我推荐一个健康营养的饮料吧。

服务员：先生，这个就挺好。它是纯天然的牛奶……

先生：行，你等会儿，我给我妈打个电话。（打电话中）妈妈，我能喝牛奶吗？

（挂完电话对服务员说）我妈说我乳糖不耐受，喝不了牛奶。

服务员：那您来这个果汁，这个是现榨的。

先生：行。（打电话中）妈妈，现榨果汁我能不能喝？

服务员：（接过手机）哎，妈妈好！您看他是要全糖、半糖还是三分糖？要不要再来个……

解析：从视频内容脚本节选中可以看出，先生在不停地给妈妈打电话，几乎是服务员问一句，先生就问妈妈一句。在这中间，先生就像传声筒一样，自己什么都不做主，最后气得服务员只能将后续要问的问题全部问出来，然后求先生和妈妈一次性把问题问完。在创作这类短视频内容时，最主要的就是使用各种手段将主角"逼到绝路上"。

物品无链接。简而言之，就是在制作短视频内容时，故意找一些罕见的物品、好看的衣服，甚至精美的配饰、好用的工具都可以。然后在短视频内容中使用到你所找到的这些东西，观众看了以后，确实觉得好就会主动留言，向你寻求这个物品的购买链接。

4.3.2　漏掉信息在应用时有哪些注意事项

铺垫要完整：因为你所拍摄的内容是需要通过观众留言、讨论寻求答案的。因此，引导大家留言之前的内容应当铺垫完整。要给观众设置足够多的线索和悬念。这样观众才有可能根据提示进行留言。

情绪要烘托到位：如果你选择漏掉情绪这种方式，那么将主角逼到绝路的情绪就要做足、做完整。一定要让观众真的觉得是委屈了主角，这样才能起到刺激观众主动留言、为主角鸣不平的作用。

`Tips`

在运用漏掉信息这一技巧时，可以把短视频内容想象成一道题，抛出题面，让观众猜出谜底。也可以直奔主题，然后吸引观众一步步浏览你创作的短视频内容，从而给观众一种恍然大悟的感觉。当然，除了这种撰写方式，还可以采用"漏掉情绪"的方式。让观众沉浸在某种情绪中，在视频最后画风一转，使观众接收到了另外一种情绪。而"物品无链接"旨在让观众在看到视频时就渴望得到这个物品，从而想要寻找问题的答案。

4.4　观众主导

请问你对什么样的事情最感兴趣？最愿意主动询问什么样的问题的答案？没错，一定是与自己息息相关的事情。这些事情或者你是主角，或者影响着你的生活，所以涉及这些事情时，你一定会格外认真、格外精神紧绷。那么为什么不利用一下这样的心态，让观众参与到你的短视频内容创作中呢？

4.4.1　观众主导这一技巧有几种用法

让观众决定你做什么。这种方法在美食类短视频中很常见，就是下一期吃什么、下一期进行什么冒险、下一期穿什么颜色的衣服等都由观众留言，然后选择出点赞最多的那一条，由短视频内容创作者进行实践。例如，上一期的观众留言"吃大棒骨"的点赞最多，那么，下一期短视频内容创作者就会真的吃掉一盆大棒骨。

让观众帮你提供解决方案。这种方法在剧情类、故事类的短视频中很常见，就是在短视频中阐述一个事件，可以是孩子和你闹脾气，也可以是妻子吵着要离婚，还可以是遇到了刁蛮婆婆，然后你委屈地冲着镜头问"我还怎么办？"之后，就结束视频。相信，要不了多久，你的短视频内容下方就会有无数个观众为你出谋划策。

让观众向你发问。这类内容比较适合情感类、说教类短视频内容。即让观众告诉你想听什么、想解决什么问题、面临怎样的困难，然后，在进行下一期短视频内容录制时，只需从观众的留言中抽取 1 个问题进行深度讲解就可以啦。

与观众同台。针对一些艺术类的短视频账号，这类账号的观众其实也是艺术的爱好者，那就不妨在录制短视频时选取一两位幸运观众，与你一起进行表演。这样，观众也能出现在喜欢的短视频内，自然互动性、积极性就比较高。当然，选择这种互动方式，需要你具备一定的粉丝基础才可以。

4.4.2　案例剖析

案例一：昨天留言里点赞最多的是"烤牛排"，今天就来安排。

案例二：你要是挑战一日三餐都由软件决定吃什么，我就给你点赞。

案例三：昨天，有观众问："孩子总和我唱反调怎么办？"

解析：上面就是经典的观众主导型短视频内容的开场白。"烤牛排""挑战一日三餐都由软件决定吃什么"以及"孩子总和我唱反调怎么办"都是观众留言得来的。你只需先把留言念出来，然后去按照观众的留言执行即可。

只要你的执行视频一播出，观众立刻就拥有了参与感，进而更乐于与你进行互动。

观众主导这一技巧就是要让观众决定你做什么，并让观众帮你提供解决方案，让观众向你发问。这样观众就会有一种掌控你的感觉，进而满足自己的掌控欲，对你产生好感。当然，时不时地与观众进行互动，也是绝佳的选择。

4.5　使用对话

当某个商店门口的大喇叭高声介绍自己店里的东西时，你走过时，可能根本不会留意，大喇叭里说了什么。但是，如果有一位服务员拉住你问东问西，甚至给你擦皮鞋和聊家常时，相信没有人会没好气儿地直接甩手而去，至少都会礼貌地回应一下"不需要"。那么，我们在进行短视频内容创作时，为什么不利用这一心理呢？相信，一定会收获不少人的热情回应。

4.5.1　使用对话这一技巧该如何应用

使用对话这一技巧，顾名思义，就是要求你以朋友、闺蜜、知己的身份进行短视频内容创作，给人一种好言相劝、柔和、谦卑、温和的感觉。那么，具体如何操作呢？

多用"你"这个字。请仔细回忆一下，让你印象最深，回复率最高而且听完后不得不去做的话，是不是都是以你开头的？"碗筷你来洗""工作你来做""责任你来承担""你家孩子"等全部都是以你开头。因此，在短视频内容创作中，不但要把主语换成你，而且还要多用"你"这个字。此时，观众就会有一种你正在和他聊天的感觉。

多用口语。请问，你平时在家和父母、孩子或另一半聊天时，或者和朋友、同事聚会时，会经常使用歇后语、成语，甚至高深的文言文吗？答案一定是否定的。而且，一定会选用最简单的大白话跟他们交流。那为什么换到短视频平台就要改变呢？要知道，观众只是隔着屏幕看你。本质上，他们也是朋友。因此，在制作短视频内容时也应该像聊天一样，多用口语。这样才能给观众一种平等、亲切的感觉。自然，也就愿意和你进行互动沟通。

多问观众。没有人会拒绝一个仰慕自己、信任自己的人，在短视频内容录制过程中，无论是吃什么东西，还是遇到什么事情，抑或看到了什么，如果允许，都可以多问问观众：你的看法是什么？你觉得怎么样？这样，观众自然就会被你带入进来，进而主动评论，与你进行互动。

4.5.2 案例剖析

如果你的一生中做了很多好事，就算你不求任何人的回报，上天自然也会回报你的。你会惊奇地发现，那些心怀善意、经常做好事的人，在人生道路上遇到的困难啊、磨难啊，总会有人出手相助的。于是，每一个看似解决不了的问题对他们来说，都不是难题。

解析：这是一个电台账号中发布的短视频脚本节选。在上面的文本中你几乎看不到任何成语，也看不到任何晦涩的字词。每一句话，都是口语和家常话，却会让你倍感踏实。其实如果不使用口语，将"你不求任何人的回报"换成"你是不必希望善有善报恶有恶报的"，相信，你一定会觉得看得非常累。

> **Tips**
>
> 使用对话的这一技巧撰写短视频内容时，一定要多用"你"这个字，同时，多用日常讲话中的口语、多询问观众。这样就能和观众之间建立一种贴近感，从而快速取得观众的信任。

4.6 主动讨论

上学时召开班会，上班之后召开周例会、月度例会，在这些会议上，让自由讨论时，大多数情况是几乎没人会自主发言的。这时教师和领导会做什么？没错，就是率先站起来开始发表自己的见解。然后在他们滔滔不绝之后，其他人得到启发才陆陆续续起身发言。那么为什么不利用这种心态进行短视频内容创作呢？

4.6.1　主动讨论这一技巧该如何应用

要知道，观众在很多时候不是不愿意点评和互动，而是不知道该说什么。主动讨论，顾名思义，就是通过主动抛出自己观点、看法的方式，刺激观众在浏览完你的短视频内容之后，主动进行讨论，从而促成更多的人加入讨论中。这一技巧和短视频内容创作本身无关，但和短视频的运营有关，整体来说一般分为以下 3 个步骤。

主动自我点评。这一点非常好理解，就是在发布完短视频内容之后，自己在自己的评论区，根据短视频内容主旨，自己评论自己。假如你创作了一条拉二胡的视频，你就可以在自己的评论区发表"这首曲子好久不弹，手有点儿生了。你们看呢？"诸如此类的留言。这样，当观众看到之后，就会被你启发，自然也就加入讨论中了。

邀请同行、朋友讨论。在生活中，当你发现身边朋友都在讨论一件事时，你会作何反应？没错，一定是加入他们，和他们一起进行探讨。邀请同行、朋友讨论也是这个道理，在短视频内容发布完之后，不妨邀请同行和朋友发表几句专业的点评。观众不仅能够看到你的短视频内容，还能够通过讨论获取到更多的知识。

拿小号当路人进行点评。这一点是在短视频账号早期，实在是没有人帮助你进行评论、互动时所采用的手段。目的就是起到率先发言、抛出话题的作用。操作方式也很简单，就是新注册几个小号，在你发布完短视频之后，用小号在评论区进行留言。

4.6.2　主动讨论在应用时有哪些注意事项

当然，留言互动绝不仅仅是评论"真美、真好、真棒"这么简单，如果想要起到通过评论激发观众进行点评的目的，那就一定要做好以下几个步骤。

要有鲜明的态度。简而言之，就是不管是你还是你的朋友率先留言进行评论，一定要有非常鲜明的主观立场，不要说模棱两可、和稀泥的话。例如，评论一个短视频里的主角，认为美就是美，认为丑就是丑。我看完这条视频，我开心就写开心，不开心骂一顿也可以。一定要把自己鲜明的态度斩钉截铁地展示出来。这样才能激发观众对于这条短视频的态度和情绪。

要留有话题。千万不要做对话终结者。在评论时，尽可能采用疑问句结尾。例如，当你发布完美食类短视频之后，留言"我觉得这样做出来的饭不会好吃，看着就油腻腻的，大家说呢？"这样的话，就远比留言"嗯，很棒！"这样的话，更具备话题性。这样观众看完你的点评之后才能被启发，才会加入讨论中。

要注意真实性。当你选择利用小号当路人进行点评这一技巧时，一定要注意将小号的头像和各种信息资料填写清楚，最好再发布几十条视频。这样，就显得你的确是一位真实的用户了。在给你的短视频进行评论时，才会给观众一种真实感，觉得确实是有人在进行讨论、发表观点，从而更乐于互动。如果做不到真实，那么利用小号进行评论这一方法，也可以选择不去做。

要达到一定数量。要知道，人都是喜欢热闹的，也是从众的。只有很多人都来讨论，大家热火朝天、众说纷纭时，才能让观众觉得"大家都说了，我也要发表下见解"，自然就会跟着留言几句。如果评论数量较少，就会让人觉得冷清。一个没有几个观众的剧院，自然也就没人愿意光顾了。

> **Tips**
>
> 在应用主动讨论这一技巧时，一定要注意进行主动点评，抛出自己的观点。同时，邀请同行和朋友进行讨论。此外，我们还可以使用小号假装路人进行点评，从而营造一种热闹的氛围感。当然，在这里一定要注意，要有鲜明的态度、要留有话题性，同时语言也要有真实性。这样，才能起到激烈讨论的作用。

4.7 名人助阵

试想一下，当你逛菜市场或看完电影临走时，突然发现有位明星，你会有何反应？没错，一定是好奇、惊讶，甚至尖叫！进而想上前问一问："为啥会来这儿？接下来的作品是什么？"然后簇拥着、交流着，一起离开。 那么为什么不利用好这一心理，在短视频内容创作中让观众主动与你进行互动呢？

4.7.1　名人助阵这一技巧该如何应用

名人助阵，顾名思义，就是找名人与你一起来创作短视频内容。 其效果就好比邀请岳云鹏主持婚礼、让李云迪为你伴奏、让陈赫和李晨请你吃火锅一样，瞬间会让观众产生兴奋、好奇、羡慕的情绪，进而在你的短视频下方进行讨论。

4.7.2　名人助阵在应用时有哪些注意事项

当然，并不是说名人助阵就是找名人和你一起拍摄短视频这么简单。 在现实生活中，除非你是明星的亲戚，其实名人离我们都很远，这时我们又该如何使用这一技巧呢？此外，明星本身已经被过度曝光了，怎么做才能让观众产生耳目一新的感觉呢？在这里，我总结了几个注意事项，希望能够给你一些启示。

找大家熟知的名人。 在这里所说的熟知的名人，并不是说让你真的去找当红和家喻户晓的明星。 而是说让你去找平台上相对熟知，甚至说经常和你在一个特定小圈子里互动的、比较出名的人。 例如，你的粉丝是 50 万，A的粉丝也是 50 万，以前你们都各自为政，现在就可以凑在一起制作一条短视频内容，这样也能起到刺激观众引发好奇的作用。

做没做过或不轻易做的事情。 例如，平时 A 是做美食类短视频内容的，你邀请他来之后，就可以让他和你跳支舞、唱首歌。 总之，就是要让观众看到你和被邀请的明星身上的另一面，这样才会产生话题感，进而刺激观众主动评论、互动。

留一些争议。 并不是说让你做什么违法乱纪的事情，而是需要你在短视频内容中留一些可以被讨论的话题。 例如，故意拿出稀奇的水果询问，或者故意将某句台词唱错，再或者找一些大家公认的不好吃或好吃的店和大家唱反调。 这样观众在发现之后，就会主动与你互动讨论。

Tips

名人助阵就是要找到名人与你一起创作短视频，这样会给观众带来一种意外感和惊喜感，从而在你的短视频下方进行讨论。

4.8　框架模仿

当有一个人，通过做一件事而出名、赚了大钱时，就一定会引来更多人争相效仿。而这时，就一定有更多人前来评论：你模仿的不对或不像，你没他那个气质等，那么为什么我们不利用好这个心理，进行短视频内容创作呢？我们暂且把这一技巧叫作"框架模仿"。

4.8.1　框架模仿这一技巧该如何应用

框架模仿，顾名思义，就是找到爆款视频，然后遵循它们的拍摄框架、手法、语言等进行翻拍，从而让观众自发进行对比，进而产生赞成或反对的声音。当然，为了确保视频的争议性，我们还可以适当地进行埋点，搞一些微创新，或者彰显自己独特性的动作、素材等，从而刺激观众产生不服的心理，进而留言讨论。在一般情况下，框架模仿分为以下几种方式。

热门翻拍。这一点比较好理解，就是找到热门短视频（一般播放量都在1000万以上，且被平台用户广泛热议、翻拍），然后模仿这条短视频内容进行拍摄。无论你模仿的好与不好，都会让观众有一种"不就是翻拍吗"的心理，从而自发留言、讨论你的翻拍技巧。

对比翻拍。这一点类似于热门翻拍，也是翻拍热门视频。不同的是，在发布时，你需要将原热门视频和你翻拍的视频一起发布在平台上，这样观众在浏览之后就会不由自主地进行对比，进而形成讨论。

创新翻拍。即翻拍热门视频的表现形式，但在故事情节、服饰、人数等细节方面进行创新。例如，疫情期间，大家都在拍一个人用被子卷成毛毛虫的视频，而你选择了全家人一起出动，这就是创新翻拍。这样不仅能够让观众耳目一新，也会给观众带来更多的谈资和热议的话题，进而产生互动。

4.8.2　框架模仿在应用时有哪些注意事项

保持神似。无论你采用哪种方式翻拍短视频，一定要保持神似。这样才能唤醒观众对热门视频的记忆，从而形成强烈的对比心理，产生佩服或不服的心态，进而形成讨论。如果你翻拍后，创新得观众都不记得原视频，那么自然也就起不到这个作用了。

表明不服。在翻拍时，也可以适当添加一些小技巧，例如，增加"挑战最火""比最火的还要……"等字眼。进而激发出观众自发比较的心理，从而形成讨论。

趁早翻拍。如果你发现某个短视频爆火，那么就需要趁早翻拍。因为这时，你所发布的短视频内容是最有可能被推上热门的。如果翻拍的时间较晚，那么平台上的这类短视频内容就形成了泛滥的局面，自然也就不会有多少播放量啦。

Tips

框架模仿一般分为热门翻拍、对比翻拍和创新翻拍 3 类。这里值得注意的是，一定要跟被模仿的视频保持神似，但内容上要相区别开。只有这样，大家才能真正的记住你，从而达到广泛传播的目的。

撩起共振：7 大法宝，提高点赞、转发数量

请闭上眼睛，仔细回想一下，你在什么情况下会互动给人点赞、转发？没错，一定是情绪被撩动，然后不由自主地做出的一种下意识的行为。那么这种情绪怎样才能被激发呢？一定是在别人站队、打抱不平时。本章就为你揭开撩起情绪共振，让观众主动与你进行互动的方法。

5.1　摆明立场

当有人针对自己的观点，铿锵有力、有理有据、一字不落、一气呵成地阐述完后，你会有何反应？没错，一定是为他拍手叫好！那么为什么不将这一心理状态应用于短视频内容创作中呢？

5.1.1　摆明立场这一技巧该如何应用

反复陈述。顾名思义，就是在短视频内容中，反复陈述你的观点，使观众产生一种强制记忆、情感认同的局面。这就像心理暗示一样，当你每天对着镜子反复说"我很美"时，终有一天你会发现，你的确很美。当然，这里的陈述并不是说一定要反复说自己的观点，反复说那一句话。你也可以利用多个不同的句子，阐述同一个观点。例如，你想表达"我很美"这个观点时，就可以在短视频中用"我很美""我漂亮极了""我一出门帅哥都管我要电话号码"等话语，也能起到反复陈述，摆明立场的作用。

事例证明。陈述自己的观点其实还远远不够，只有摆明事实、拿出实打实的证据，才能刺激观众和我们一样，产生我们想要表达的观点。因此，在

说明观点之后，一定要多找案例、多找事实进行佐证。

善用排比。排比句是最能加快节奏，煽动大家产生共情的句式。如果可能，最好在短视频中多多增加排比句。最好是在使用一连串排比句之后，再说明自己的观点，这样观众的情绪更容易被调动。例如，中国是最自强的国家，中国是最奋进的国家，中国是发展最快的国家，我为我是一名中国人而感到骄傲。远比单单只说一句"我为我是一名中国人而感到骄傲"要有力度、有煽动力得多。

开篇直述。就是在短视频的一开始就明确表明自己的立场。让观众清晰、明确地知道你对这件事情的看法和立场。这时，观众就会被你的情绪和接下来所发生的事情带动，进而与你的情绪产生共情，从而点赞或转发。

5.1.2　案例剖析

你是从什么时候觉得作为一个中国人无比骄傲与自豪的？有这样的一个回答让我感触颇深：在今天，中国人如今活得像个人了。1840 年至今，流了太多血，牺牲了数代人，才有了今天整个国家的全面复兴。为了和美国人面对面坐在谈判桌上，让美国明白我们的决心，用了整整 70 年，已经没有什么人能挡在中国前面。我们都是时代的缩影，见证这个古老国家的全面强盛。历经磨难的中国人很明白，不能抛下任何一个同胞，所以才有了全面脱贫，有了撤侨行动。因心念，而屹立，点亮了原本暗淡的东方，愿祖国繁荣富强，让未来的中国成为人类历史上永不磨灭的一幕。

解析：上面这个短视频内容脚本，阅读完会提炼出一个主题，那就是"中国富强了"。那具体这一立场是怎样体现的呢？脚本开头一句"你是从什么时候觉得作为一个中国人无比骄傲与自豪的？"抛出主题，紧接着"有这样的一个回答让我感触颇深：在今天，中国人如今活得像个人了"一句中的"中国人如今活得像个人了"点明了创作者的立场，即中国富强了，中国人富强了。随后，创作者用多个事例证明了观点，即从"1840 年"到"撤侨行动"这一大段内容，都在反复陈述"中国富强了"这一观点，更加摆明了立场，瞬间激发了观众的爱国心和自豪感。看后，让人热血沸腾，不由自主地点赞。

Tips

在运用摆明立场这一技巧时，一定要注意反复陈述你的观点，同时采用事例证明、善用排比等方式突出短视频内容的主题，从而激发出观众的反叛感或认同感。

5.2 适当夸张

当有人在你面前夸大一件事情，或者在表达一件事情时非常夸张，例如，表现自己特别富有，不仅拥有 200 多套房，甚至还有 1000 多辆豪车，甚至将钥匙摆在你面前时，你会有何反应？没错，一定是惊讶！然后转发，跟朋友讨论到底是不是真的？有没有这样的人？那么为什么不利用好这一心理，进行你的短视频内容创作呢？

5.2.1 适当夸张这一技巧该如何应用

夸大主人公的身份、外貌。 意思就是通过在短视频内夸大两位主人公的身份、地位，形成反差，从而唤醒大众为弱势主人公鸣不平，激起人们的保护欲、正义感。例如，夫妻俩去逛街，男主角嫌弃女主角什么都不会，只能在家，而且不洗脸不梳头，非常邋遢，从而抬高自己既仪表堂堂，又能在职场里叱咤风云赚钱养家，从而形成鲜明对比。而实际上，女主角是因为家务活多，没时间打扮自己，才造成了如今的局面。从而激发观众对女主人公鸣不平的心理。进而转发、评论，对男主人公进行声讨。

语言夸大形成反讽。 就是通过夸张表演、事件还原模拟的手段，嘲讽社会不良风气，从而达到惩恶扬善的目的，激起观众的正义感，进而点赞、转发，促成互动。例如，近期都流传广东人嫁女儿给礼金特别多，三四倍地给。就可以创作一条短视频，问：是不是广东人嫁女儿都给三四倍的礼金呀？答：不是，我们这儿都给 8 倍呢！

行为夸大。 即通过夸大主人公的行为，突出主人公的心意，从而激发观众的同理心，进而产生羡慕、嫉妒或愤怒的情绪。例如，为了表达爱情，送女朋友一套房子、一车玫瑰花等。为了表达老公辛苦了，送老公一桌子好吃的。

5.2.2　案例剖析

昨天我检查了宿舍，大部分还看得过去，408 宿舍住的谁？你们给我站起来！来！还有谁来着？你们那是人住的地方吗？那还叫宿舍吗？小风呼呼地刮着，还能继续睡得下去？你们是打算风餐露宿吗？这玻璃又是谁撞破的呀？这棚顶上的灯又是谁整坏的？我给你们个建议啊，你们要不行，就去外面避雨吧！

解析：上面的短视频内容中"小风呼呼地刮着，还能继续睡得下去""要不行，就去外面避雨吧"都属于夸张的手法，讽刺学生没有生活常识、太过于淘气。其实我们都知道，就算孩子再折腾，屋里也不会比外边雨水多。

Tips

适当夸张这一技巧，主要是需要夸大主人公的身份、外貌，同时语言夸大造成反讽。当然，也可以在行为方面进行夸大，从而给观众带来一种冲击感，让观众对你保持超强的记忆感。

5.3　突出反差

当你看到不平等的事情，例如，妈妈穿得时尚光鲜，孩子却满身污垢、衣服破洞，你会有何反应？没错，一定感到非常不平等，然后将事情告诉朋友，疯狂吐槽一番。那么为什么不利用这一心理进行短视频内容创作呢？

5.3.1　突出反差这一技巧该如何应用

待遇反差。顾名思义，就是通过短视频主人公的待遇悬殊对比，刺激观众对弱者产生同情，或者鸣不平的心理，进而促成点赞和转发。例如，给女儿悉心盖好被子，与给儿子随便扔个被子自己盖形成反差对比。再如，女孩吃烤串，而男生只能舔一下棍的反差。

情绪反差。 即通过主人公情绪反差，刺激观众对短视频主人公的其中一方产生同情，或者对其中一方产生不满的心理，进而促成转发和点赞，刺激接下来的动作和行为。例如，男方使劲儿骂女方，甚至找来自己的亲戚朋友讽刺女方。而男方对自己却表现得特别宽松，什么都不做，养尊处优。这时，观众的情绪自然而然就会被激发。

温馨提示： 在使用反差的这个技巧时，一定不要忘了运用对比的手段。即主角 A 的行为、待遇要与主角 B 形成鲜明的对比。这样观众才能一目了然地看到二者之间的差距，从而促成情绪的产生。

5.3.2 案例剖析

男： 老婆，今天苹果 12 发售了，太好啦！

女： 高兴什么？你又没钱买。

男： 你有钱啊，等你换了苹果 12，咱妈就能用上你的苹果 11，咱爸就能用上苹果 10，咱孩子就能用上苹果 9，那苹果 8 就是我的啦！

解析： 根据上面的短视频内容，你可以清晰地看到，男方将买苹果 12 的希望寄托于女方，然后说了一长串，最后他能得到苹果 8。我们都知道，苹果 12 是最新产品，苹果 8 是早已过时的产品。夫妻二人，女方能买到最新款，男方却只能拿到老款，而且还是全家手机里最老的款。可见男女二人的地位差，由此可见，创作者采用了突出反差中的"待遇反差"这一技巧，将婚后男性的家庭地位演绎得淋漓尽致，让人在哈哈一乐的同时不禁发出"唉，男人不容易。我结婚后，也是这样"的自嘲。

> Tips
>
> 突出反差这一技巧，在应用时可以利用待遇反差、情绪反差等方式，刺激观众主动为你点赞、鸣不平，唤醒观众心底里的共情，从而达到广泛传播的目的。

5.4　利益绑定

当一篇文章或一档节目说的事情与你息息相关时，你会有何反应？没错，一定是仔仔细细阅读，然后根据讲解的内容一板一眼地进行操作。那么为何不将这一心理状态应用于短视频内容创作中呢？

5.4.1　利益绑定这一技巧该如何应用

送上祝福。 这就像拜年时要说吉祥话一样，说完一般长辈都会自然而然地给一个红包奖励，而且几乎没人会在听到吉祥话之后说："哦！我不想多多发财，我不想寿比南山。"在短视频平台上也可以利用这一心理，"祝点赞、转发的伙伴都发财、事业一帆风顺、干啥啥成！"一般人听到这个之后，为了讨个好彩头，都会下意识地进行点赞或转发。

战队拉拢。 在开运动会时，你是不是只会给自己的班级或部门的人进行加油？同样的道理，在短视频内容创作中，你也可以将观众与你绑定在一支队伍中，从而促成他们的点赞、转发。例如，给同在奋斗的小青年点个赞吧，是中国人就点个赞，同样爱小曲儿的你点个赞吧。

查看爆料。 除了送上祝福、战队拉拢，还可以采用查看爆料的技巧。例如，点赞到 1 万我就冬泳，点赞到 1 万就看我小时候的照片等。总之，就是埋一个大家感兴趣的点，然后刺激大家对结果产生好奇，自动为你进行点赞或转发。

5.4.2　案例剖析

点个赞再走的家人们，都是帅哥美女，来年都发财！

听说今天双击点赞能弹出骷髅和红包，您试一下！

给同样是农民儿子的我点个赞再走好吗？

点赞到 1 万一起来查看结果，到底能不能做成？

解析： 以上是短视频平台使用频率比较高的结尾内容，第一条利用了利益绑定技巧中"送上祝福"方式，将点赞跟发财、长得漂亮联系到了一起，为了讨个好彩头大家一般都会下意识地点赞；而第二条则利用了利益绑定技巧中"查看爆料"方式，观众看到"点赞能弹出骷髅和红包"这句话后，会瞬间激发好奇心，到底骷髅和红包是啥样的？从而下意识地进行点赞；第四条则把点赞数据跟查看结果绑定到了一起，大家为了想要看到结果，则会自然而然地帮助点赞；第三条则利用了利益绑定技巧中"战队拉拢"方式，将观众与农民的儿子绑定在了一起，这样，同样身为农民儿子的人就会瞬间产生同理心，进而点赞支持。

Tips

利益绑定这一技巧，在撰写时应该注意以下3个方面。

第一，送上祝福。

第二，战队拉拢。

第三，查看爆料。

通过短视频内容与观众形成利益绑定关系，这样在心理暗示的作用下，观众就可以和你保持同理心，从而主动为你的作品进行点赞、转发等互动。

5.5 制造焦虑

当你处于不安、紧张的状态下，你会选择做什么？例如，你发现身上长了东西，或者可能面临某些困境，你会选择做什么？没错，一定是将事情跟朋友沟通，并且寻求解决方案。那么为什么不将这一心理状态应用于短视频内容创作中呢？

5.5.1 制造焦虑这一技巧该如何应用

困惑放大。就是将原本很小的困惑放大化，这样人们就会加剧对事情的担忧，进而形成讨论、转发，寻求解决方案。例如，我们都担心没学历以后没工作、养不起自己，那么我们就可以以"初中生北漂20年，我终究还是没逃过……"为题进行短视频内容创作，进而促成大家对学历的讨论以及对没学历的恐惧。

认知突破。就是从大家认为比较好的事情中，找出其背后的隐忧进行短视频内容创作，从而刺激大家对事情的转发、点赞和讨论。例如，本来大家都觉得出国留学会有个好前程，或者认为在体制内工作是一个铁饭碗。而你却说出国留学的学历国内不一定承认，铁饭碗也会进行人才竞争，也有市场化的一天，从而激起观众对于固有认知的隐忧，从而形成讨论的局面。

提前告知。就是将观众未来可能遇到的困难提前进行告知，这样观众就能够感受到压力，促成焦虑，进而提前寻求解决方案。例如，孩子本来 3 岁上幼儿园来得及，但你却认为"上幼儿园从 1 岁半就该开始着手准备啦！"这样，家长本身对孩子就比较关切，在看到这样的内容一定会浏览和观看，进而促成互动，并转发给朋友进行讨论。

5.5.2　案例剖析

北京的房价那就是一个字，"贵"。那租房会好吗？今天，就带你揭开这个答案。像东二环和三环之间的一个老小区里，一个 7 平方米的小单间，房租每个月 2900 元。押一付三，意味着你第一个月至少要交 12000 元的房租……

解析： 上面所节选的短视频内容文本，是典型的运用制造焦虑技巧中"困惑放大"的方法。从上面的文字中不难看出，通篇文案围绕着"北京租房贵"这一话题展开讨论，而且越往下看，你越会发现"北京租房贵"这一话题被逐渐放大。事实证明，想要找一个好的地段、一个舒适的房子确实不是一件容易的事情，进而引发观众进行讨论。

`Tips`

如何应用制造焦虑这一技巧：
❖ 困惑放大。将原本很小的困惑放大化。
❖ 认知突破。找出一件事情背后的隐忧进行短视频内容创作。
❖ 提前告知。将观众未来可能遇到的困难提前进行告知。

5.6　愿望达成

当你想要将东西搬到楼上，但实在搬不动；当你的车坏在路边，实在没辙，这时突然有人上前毫不犹豫地帮你把事情办到了，你会做什么？没错，一定是果断地竖起大拇指，然后告诉他："您真棒！"那么为什么不将这一心理应用在短视频内容创作中呢？

5.6.1 愿望达成这一技巧该如何应用

代替实现。就是做到一般人想做却又做不到的事情。例如，当我们饥饿时，恨不得一下子吃个肘子，但并不是每个人都吃得下。这时，你帮观众去做了，就满足了观众的心理需求，从而就会得到点赞或转发。

美好探求。就是将大家都非常向往的事情，通过短视频的形式呈现出来。例如，大家都渴望去三亚住海景别墅，体会悠闲的时光。但很少有人真的能有一两个月时间去游玩。那么，你就可以创作一条在三亚住海景别墅的短视频内容。将感受、花费都展现出来。这样就会激起观众如同亲身体验般的感受，进而对这种美好进行点赞和转发。

5.6.2 案例剖析

淡季去海南，放肆地玩一圈儿到底需要多少钱？淡季机票其实非常划算，我这次从北京到三亚经济舱用了 380 元，因为人少，再加 699 元就可以升级商务舱。只花了 1079 元，就享受到了正价 1.5 万元商务舱的待遇。五星级酒店基础房才 682 元，吃饭逮着苍蝇小馆吃，比高价餐厅实惠，口感又好，海鲜的话人均 100～200 元足够了……

解析： 从上面的文字脚本中可以看出，创作者利用了愿望达成技巧中的"美好探求"方式。首先，去三亚本身就不是很多人有时间和精力能去实现的，而且还是挑选淡季进行最奢侈的游玩。而上述内容，创作者逐一在短视频中为我们实现了，而且还配上了对应的画面，俨然一种观众亲临现场的感觉，达成了观众想去亲临、体验的愿望。可想而知，下方的热议和点评更是接连不断。

Tips

愿望达成这一技巧，可以从"代替观众实现愿望"和"探求美好事物"两大方面入手。通过画面、声音、图像等方式，让观众和你形成价值链接，带给观众一种满足感或期待感。这样，观众才会默默地为你点赞、转发，进而形成互动。

5.7　学会"卖惨"

当你目睹一个人做一件事情非常不顺利，但是经过重重努力，终于达成了某件事时，你会有什么反应？没错，一定是第一时间站出来为他鼓掌、为他叫好，甚至帮助他告知天下他终于达成了成就。那么，为什么不将这一心理状态应用在短视频内容创作中呢？

5.7.1　学会"卖惨"这一技巧该如何应用

完整讲述。一般这种技巧多用于 Vlog 视频形式中。当你想要展示遭遇某种境况、取得某项成就或做成某件事情时，便需要完整讲述事情的起因、事情的经过（经历了怎样的重重坎坷？期间跌了哪些坑？）、事情的结尾（取得了什么成绩？获得了怎样的经验？）。这样，观众才能够被你带入其中，进而为你的坚持和奋斗点赞。

成长见证。当然，我们大多数人并没有那么宏伟的成绩，也不会有很多惊天动地的事情。这时，我们便可以选择"成长见证"的方式。录一个短视频系列，将自己或其他人的奋斗历程全部记录下来，每天一期。这样，也能引发观众对你的好感，进而点赞互动。

5.7.2　案例剖析

和病毒相比，更让人恐惧的应该是没钱吧！昨天看到一条留言，非常心酸。因为疫情，她和她老公的快餐店生意惨淡，贷款开起来的餐厅刚开业就面临倒闭。收入全没了，卡上就剩下 700 元。可还是要付每月 1 万多元的房租、3000 元的车贷跟一家人每月至少 2000 元的生活费。他们家每天都沉浸在忧伤的氛围中，洗脸、吃饭、上厕所，做什么都能吵上一架……

解析： 从上面的内容中不难看出，这条短视频采用了"学会'卖惨'"技巧中的"完整讲述"方式。短视频开篇向我们抛出了话题："比起疫情，我更怕没钱"，而后娓娓道来了一对小夫妻因为疫情而生活拮据的故事，进而引发了观众对"不畏生活困难，在奋斗中拼搏的人"的敬畏和点赞。

Tips

学会"卖惨"这一技巧在运用时，一定要完整讲述整个事件，这样观众才能够真正地拥有代入感，从而跟随你的情绪去做事情。当然，如果你选择用"成长见证"的方式进行内容撰写，那么就需要简单地将日常的小进步、小成长和盘托出，从而激发出观众的共情。

第
6
章

看着没用，坚持却出奇效的技巧

在短视频内容创作中，有一些大家都在遵守和沿用的技巧。神奇的是，如果你能把这些技巧全部做到位，你的短视频内容也会逐渐拥有更多人的关注和浏览。我们暂且把这些技巧叫作基本功。那么这些技巧到底是什么呢？接下来就为你一探究竟。

6.1 保持垂直

请仔细回顾一下，如果你在上课时，有位教师今天教你数学、明天教你英语、后天教你政治、大后天又开始教你语文，总之365天循环学科教学，你是不是会感觉丈二和尚摸不着头脑？完全不知道这位教师到底是教什么的？其实，在制作短视频内容时，你必须给观众一个详细的脉络，让他们了解你这个短视频到底是做什么的。

6.1.1 什么是保持垂直

保持垂直，顾名思义，就是你必须让你的短视频账号围绕一个大的方向去做。这样关注你短视频账号的观众，才能清晰地知道你这个账号主要讲述什么，进而才能保持持续的观看。否则就会造成脱粉（即粉丝不再关注你）的现象出现。

例如，你对美食感兴趣，而且已经连续发布了二三十条美食类短视频内容，那么你这个账号接下来就一定要继续围绕美食制作短视频内容。千万不能头10天做美食视频，接下来的10天做与花卉相关的视频，再过10天改成了做游戏视频。

6.1.2　保持垂直的方法

事实上，在短视频内容制作的过程中，保持垂直，绝不仅仅局限于短视频的内容方向上，从标题封面，到短视频主角的穿着，再到短视频的剧本等，都需要保持一致。这样才能给观众一种整齐划一的感觉，也便于观众查阅你往期的（即已经发布过的）短视频内容。保持垂直的具体操作方法如下。

制作统一的封面＋标题样式。 在这里先解释一下什么是封面？短视频封面就是观众在没打开你的短视频之前所看到的那个画面。如果你的短视频封面是从每一期的短视频内容中截取的，无法保持每一期都一致，在这里告诉你一个小技巧：你可以使用标题栏（即封面标题的背景色），每一期都统一用一个，这样也能起到整齐划一的作用。如果你的短视频是知识输出、唱歌、跳舞等单人口播类（即每期短视频都是固定的一个人作为主角），那么建议你找一张帅气的写真照片作为短视频封面。然后每一期都使用一样的字体将标题标注在写真照片固定的位置上，也能够起到整齐划一的作用。这样当观众浏览你的短视频时，就会像翻书一样，快速找到自己喜欢的内容进行观看。

围绕一个领域制作短视频内容。 如果你的素材足够多，可以支撑你的短视频内容一直做下去，那么你可以选择一个能细分的领域。例如，美食类短视频内容包括美食制作、探店、美食故事、大胃王等，如果你选择了"美食制作"这一细分领域，而且手里的素材足够多，则可以只围绕"美食制作"这一领域进行短视频内容创作。如果不能，那么只要不出美食这个领域，你都可以进行尝试。这样你的观众也不会对你短视频账号的内容方向产生疑惑。

主角的衣饰和拍摄的环境要保持统一。 要知道任何一个短视频账号发布内容之后，其实都是想让观众记住自己的。但是，请问："在同类内容繁多的短视频平台上，观众该通过什么记住你呢？"没错，最直观的就是主角的衣饰或拍摄的环境。如果你的短视频主角永远是固定的那个人，那么此时就不要频繁地更换他的衣饰。因为这都是你账号最明显的标记。就像大家听到《五环之歌》，就会想到岳云鹏一样，这是同一个道理。当然，如果无法固定短视频的主演人员，那么也可以在环境上做文章。例如，你经常在一个茶馆里拍摄短视频内容，那么就不要随意更换拍摄的环境，因为那个茶馆以及茶馆里的陈设，已经变成了你短视频内容的标记。

短视频剧本的语言风格不宜多变。除了短视频的主演人员和环境，短视频剧本的语言风格也是短视频账号的标记。除非有必要，否则建议固定成一种风格，不要随意改变。这样能够帮助你的短视频账号更快地被观众记住。

Tips

保持垂直的意义在于：给你的账号设定一个大方向，从而让观看你作品的观众了解到，你这个账号主要是围绕什么方向进行创作的？具体都讲了哪些类型的内容？

保持垂直的方法也很简单，简而言之可以分为以下3步。

❖ 制作统一的封面+标题样式。

❖ 围绕一个领域制作短视频内容。

❖ 主角的衣饰和拍摄的环境要保持统一。

与此同时，短视频剧本的语言风格也不要多变。这样，才能给观众一种一致感，从而营造出短视频账号的辨识度和刚需性。

6.2　画质清晰

当你在街上走路时，有人蒙住了你的眼睛，第一反应是什么？没错，一定是觉得恐慌，心想：谁呀？看不清路怎么走啊？然后大声呵斥，让其松开手。在短视频内容创作中，你的短视频作品的画面就相当于观众的眼睛。

6.2.1　为什么要保持画质清晰

短视频平台本身就是靠声音、画面传递核心信息的。如果画面模糊不清，就像走在马路上被人挡住了视线。观众会没有耐心继续观看你的短视频内容。所以，画质清晰是制作好短视频内容的关键。

6.2.2　保持画质清晰的方法

想要达到短视频画质清晰，其实根本不需要多么专业的相机、多么专业的拍摄人员。你只需做好下面这几个步骤即可。

首先，擦摄像头。 伴随着短视频平台的爆火，人人都是账号主的时代已经来临。而短视频的拍摄往往不需要多么专业的相机，只需一部智能手机就可以完成。但这就出现了一个问题，智能手机我们每天都会使用，接电话、聊微信、玩游戏等，难免会让手上的油和脏东西蹭到手机上。因此，在拍摄之前，我们最好像是完成一项工作一样，将手机摄像头用眼镜布或干净的东西擦一下，擦完之后，所拍摄出来的画面质量一定会有所提升的。

其次，选择光线充足的中午或下午进行拍摄。 大自然是最好的补光灯，与其想尽办法在晚上开灯拍摄短视频，不如选择中午或下午光线比较充足的时间进行拍摄。当然，在拍摄之前一定要调整好手机的设置和角度，一定要防止曝光过度（过于亮）的情况出现。

最后，注意剪辑后的画面质量和上传渠道。 很多人在进行短视频创作时会遇到这样的问题：明明拍摄得很用心，在手机上看画面也非常清晰，但为什么一剪辑（使用编辑短视频的 APP 剪辑短视频）、添加字幕后，画面反倒不清晰了呢？要知道，几乎所有短视频编辑软件都会自动压缩视频。因此，在使用编辑软件之后一定要进行画面质量的调整。与此同时，如果想毫不失真地发布你的短视频内容，也可以选择在 6.5.1 小节中所讲述到的"创作者服务平台"直接将你的短视频内容发布出来。

如果上述操作全部做完以后，画质还是不清晰，那么也可以查看下手机中录像的相机参数是否达到 1080p，30fps/60fps，只要清晰度达到 1080p，一般都没什么问题。

Tips

保持画质清晰有以下3种方法。
❖ 擦拭摄像头。
❖ 选择光线充足的中午或下午进行拍摄。
❖ 注意剪辑后的画面质量和上传渠道，一定要输出比较高清的内容。

6.3　规范标题

在短视频内容创作中，观众最先看到的永远是标题。可别小瞧了标题的作用，它不仅决定着观众是否有兴趣观看你的短视频内容，还起着画龙点睛、高度概括内容的作用。因此，标题的撰写，在短视频创作中非常重要。

6.3.1　为什么要规范短视频标题

到这里有人会心生疑惑，为什么要规范短视频标题呢？其实，这和看书是一样的道理，如果一本书没有目录，而且章和小节的标题混乱，相信没有人可以读懂。规范了标题就相当于为读者生成了短视频内容的目录。观众对什么感兴趣，可以直接翻阅。此外，由于短视频平台上内容众多，往往单条短视频展示的位置很有限。规范标题还起着确保完全展示的目的。否则，有些标题过长，就会被截取显示，这样就不能将标题的全部内容展示出来了，会大大影响你短视频的播放量，因此规范标题可以确保标题完全展示。

6.3.2　标题的撰写规范有哪些

标题最好不要超过 12 个字。由于短视频展示位置有限，尤其是在短视频账号的主页上，每一条短视频的封面就只能露出一小块的位置。标题太长，容易被切割，观众也就不知道你的短视频主题是什么了。

最好不要使用生僻字。众所周知，短视频平台是一个娱乐化的平台，也是大众消遣碎片时间的地方。如果在标题里使用生僻字，那么就会造成观众读不懂标题的含义，从而忽略你这条短视频内容。因此，应注意不要在标题里出现生僻字。

最好采用统一格式。如果条件允许，短视频标题最好采用统一格式，例如，如果你做探秘类的短视频，标题就可以采用"探秘+×××"的格式，每一期都采用这种格式。如果你做美食类的短视频，标题就可以采用"菜名＋做法"的格式。这样不仅能为你节省大量思考标题的时间，还能方便观众对你的账号产生记忆。就像一个符号一样，能够快速想起你。

注意语句通顺。这一点非常好理解，就是你所撰写的标题一定要确保语句通顺，既不要出现错别字，也不要出现语句错乱的现象。否则，观众无法接收到你所想要表达的内容。

Tips

> 在撰写标题时最好不要超过12个字，同时最好不要使用生僻字。要保持格式统一，注意语句通顺，这样才能给观众一种赏心悦目的感觉。加速观众和你的作品之间的理解，让观众一目了然地了解视频在讲述什么，我们在讲述什么。

6.4　快速切入话题

短视频内容的前 5 秒决定着观众是否会持续观看，因此要学会快速切入话题并引发观众好奇，进而使观众将你的短视频内容看完。就像我们看或听相声、看电视剧一样，如果铺垫一大堆还没进入主题，观众还不知道你想要说的是什么，相信观众早已经离开了。

6.4.1　快速切入话题的方法

将开场白 + 主题 + 观点在 5 秒内抛出。 在短视频开头剔除形容词和无关紧要的故事，直接抛出观点和主题，让观众带着疑问持续观看接下来的短视频内容。例如，你想介绍一家餐厅，那么就应该快速切入话题，开场白就说："××，这块儿有一家贼好吃的烤肉店，走……"然后进入短视频的正文内容。如果你的开场白为 800 个字的长篇大论，大家听了将近 1 分钟还不知道你想要说什么，自然就会放弃观看。转而，浏览其他人的短视频内容了。

直接说出发生了什么。 当然，如果你的短视频开头不需要介绍观点、主题，而只想介绍一则故事，那么直接说出发生了什么，也能快速切入话题。例如，你想通过 Vlog 形式的短视频让大家知道你的一天，可以这样说："今天我被同事害惨了。"然后紧接着，直接说出发生了什么。这样，也能够起到直奔主题的作用。

6.4.2　案例剖析

案例一：

演员 A：哎，你怎么随便进我家？

演员 B：托你的福……（此处省略 500 字，讲述缘由）。

解析：上面这是一条剧情类短视频内容的开场白。开头的 5 秒内，演员 A 直接说出了目前正在面临的事情，瞬间激发了观众的好奇心："为什么这个人会随便进别人家？到底演员 A 怎么了？接下来要发生什么？"从演员 B 的那句"托你的福"之后，全部都是阐述事情缘由。

案例二：

孩子不写作业磨磨蹭蹭就只能靠打和骂吗？今天，教你几个妙招。第一招，给孩子主动权……

解析：上面这个开头，"孩子不写作业磨磨蹭蹭就只能靠打和骂吗？"一句话，点出了这条短视频的主题和个人观点，这句话最多不超过 5 秒，却能让人快速了解想讲述的内容和创作者的态度。从"今天"开始，就是进入了短视频的正题，也就是正文部分。

> **Tips**
>
> 快速切入话题有以下两种方法。
> ❖将开场白、主题、观点，控制在 5 秒内抛给你的观众。
> ❖直接说出发生了什么。
> 从而吸引你的观众去继续观看你的作品。

6.5　关注数据

几乎是所有短视频内容创作者都渴望自己的作品能够上热门、被推荐，但每天看着寥寥无几的数据都会心生悲凉。觉得"上热门"与自己无缘，甚至连赚取曝光度、吸引粉丝这些需要在短视频账号建立初期做的事情都无法达成，更不知道该从何下手去优化自己的短视频内容。

殊不知，其中也遵循着一定的规律。只要你把控好了这样几个数据，你的短视频内容创作就有了科学依据。每一期的作品调整，也有了精准的方向。不会再像以前那样困惑于"觉得自己做得很好，但不知道为啥就是没流量"的苦恼了。

6.5.1 短视频内容创作者必须了解的术语

曝光数：即作品付费推广后波及的人群（一般在作品推广页面可以查看）。

播放数：即单个作品的播放次数（一般在每条视频的左下方显示）。

完播数：即完整看完作品的人数。

点赞数：即为作品点赞的人数。

粉丝数：即关注这个账号的人数。

评论数：即给短视频作品留言的人数。

分享数：即分享这条短视频作品的人数。

到这里可能有人会心生疑问，这些数据有些在短视频平台上并不能找到，那么我又该去哪里查看呢？在这里推荐给你一个平台官方查看数据的地址。

快手创作者服务平台：https://cp.kuaishou.com/profile。

抖音创作者服务平台：https://creator.douyin.com/。

在作品发布和推广完毕之后，你只需登录上面的创作者服务平台，点击作品分析版块，就能够清晰地找到上面所提到的数据。

6.5.2 短视频内容创作者必须关注的数据计算规则

了解了上面的术语后，接下来我们就来探讨如何利用数据优化短视频内容。

第一步：你需要了解下面这些公式，根据这些公式计算出来的数据，对短视频内容进行优化。

打开率 =（播放数 ÷ 曝光数）× 100%

完播率 =（完播数 ÷ 播放数）× 100%

点赞率 =（点赞数 ÷ 播放数）× 100%

互动率 =[（评论数 + 点赞数 + 分享数）÷ 播放数]× 100%

转粉率 =（新增粉丝数 ÷ 播放数）× 100%

单个粉丝价格 =（新增粉丝数 ÷ 单条视频的推广总花费）× 100%

第二步：计算出以上 6 大数据之后，将数据分别填入下面的表格即可。

短视频内容量化表						
视频标题及链接	打开率	完播率	点赞率	互动率	转粉率	单个粉丝价格

通过这张表格，你可以一目了然地知道你的短视频内容哪里出了问题，进而进行相应的调整。

数据解析：

打开率（参考值一般为 30%～50%）。 如果打开率比较低，则证明观众在看到视频后不愿意打开。因此，需要优化你的短视频封面标题。

完播率（参考值一般为 5%～50%，视行业而定）。 如果完播率比较低，则证明观众打开了视频，但没有将视频看完，因此，需要优化你的短视频内容。这时，可以将短视频内容切割成铺垫、高潮、结尾 3 部分。分阶段进行调整，以确保完播率的提升。当然，随着短视频平台的优化，很多短视频平台也开发了数据助手（一般在 APP 端的"创作者模块"可以查阅）的功能。例如，快手为粉丝数达到 50 以上的账号自动开通了数据助手，在这里可以清晰地看到一个作品到多少秒留存多少人，从而帮助你优化短视频内容。

点赞率（参考值一般为 5% 左右）、互动率。 这两个数据要放在一起说，它们代表了看完视频后，观众是否愿意点赞或留言评论的数据。虽然二者都代表了观众的互动意愿，但点赞明显要比评论容易得多。在优化短视频内容时，可以优先考虑先提升点赞率，即拉升内容的高潮部分，提升内容的煽动性。你可以把它理解为鼓掌。你在什么时候会鼓掌？没错，一定是达到了那个嗨点的时候。而互动率与内容的话题性相挂钩。

转粉率。 一般在作品的推广页面可以看到最为精准的转粉率数据。不妨试着回忆一下，你在什么情况下会选择关注别人？没错，一定是觉得那个人对我有用，或者想深入了解那个人的时候。如果转粉率比较低，则意味着你的短视频内容实用度不强。或者并不能引发观众对于你账号内其他内容的期待感。此时，你需要调整的是短视频内容的深度、实用度、有趣度。

单个粉丝价格（参考值一般为1~3元）。 单个粉丝价格主要是针对使用了付费推广的作品而言。如果单个粉丝价格过高，则需要考虑是不是短视频内容出现了问题，就需要对内容的实用度、语言的通俗度进行调整。

温馨提示： 这里给出的参考值，仅仅是一条基准参考线，不同行业有着各自不同的数据体系。只需通过对数据的关注，不断调整与优化内容即可，切勿盲目迷信数据。

6.5.3 案例剖析：王先生的视频是哪里出现了问题

王先生最近有点儿犯愁，他发现自己的短视频账号播放数较低，而且点赞数和评论数也寥寥无几。于是，他打开了自己的内容创作平台，发现付了8元推广费用之后，曝光数为1000、播放数为50、点赞数为3、评论数和分享数均为0、完播数为30、新增粉丝数为0。你知道该从哪些方面帮助王先生调整短视频内容吗？

解析： 根据本节上面讲述的内容，我们首先需要列一张表格：

王先生账号短视频内容量化表					
打开率	完播率	点赞率	互动率	转粉率	单个粉丝价格
5%	60%	6%	6%	0	—

然后使用相应公式，将计算出来的数据填入表格中。

由上表可知，这个账号最明显的特征就是除了完播率，任何数据都不高。这就证明，这条短视频最主要的问题出在了打开率上。如果提升打开率，保持完播率不变的情况下，那么这条短视频被平台推荐的机会就更大。

因此首要的目标就是提升打开率。而打开率，又与播放数息息相关。那么什么会促使播放数上升呢？答案一定是封面标题。所以，王先生最应该调整的便是封面标题。

Tips

根据数据推算和诊断短视频内容时，一定要注意关注数据与数据之间的关联性。这样才能分析出短视频播放量不高、不被广泛传播的根本原因。

6.6　控制时长

在短视频内容创作中，有很多人为了提高完播率，都会控制短视频的时长，尽可能地缩短一条短视频的时间。那么到底这一方法有效吗？我们在具体的实际操作过程中，又该如何有效地控制作品的时长呢？本节就为你逐一揭开答案。

6.6.1　什么是控制时长

控制时长就是将一条短视频内容的时间尽可能地缩短。换句话说，如果一条短视频内容能在 30 秒内说完，就绝对不要录制成 1 分钟；如果能在 1 分钟内说完，就绝对不要录制成 3 分钟。这是大多数人为了提高短视频的完播数所采用的一种手段。事实上，这一招有一定的作用。只不过它有一个前提，那就是：你的内容需要足够吸引人，而且，能够在 30 秒内展现出事情的起承转合，讲述完一个完整的内容。

6.6.2　控制时长应该注意哪些方面

内容的完整性。 确保内容完整是控制时长之前必须考虑的问题。如果你是一名养生保健类的短视频创作者，你所讲述的问题非常专业，不仅需要解释专业名词，还要有示范、回顾等很多步骤，在 30 秒内根本说不完。那么，也不用一味地强求在 30 秒内或 1 分钟内录制好短视频内容。

内容结构的紧凑性。 有些人为了缩短时长，会硬性删除短视频内容，以至于内容结构不完整。中间的起承转合、高潮、爆点部分都不复存在了，这样的短视频内容也不能被大家接受。毕竟，无论是一档节目还是一部电影抑或一个作品，只有爆点才是最吸引人的。

温馨提示：

不同时长区间短视频发布数量及播放量占比如下：

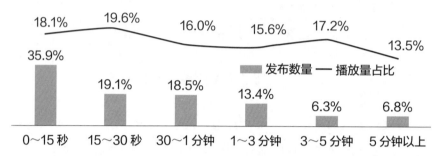

根据上图卡思数据的调研显示，虽然 0～30 秒是大多数短视频内容创作者所采用的，但 1～5 分钟的内容创作者也很多。因此，时长并不是提升完播率的唯一方法，缩短时长主要还是避免内容冗长。如果足够精彩，其实时长并不是问题。

Tips

控制时长就是将一条短视频内容的时间尽可能地缩短，能 30 秒说完的就不说 1 分钟。这样观众才能一目了然地了解到你在讲述什么。当然，其中也有一个非常明显的前提，即你的内容一定要足够吸引人。这样才能达到"短小精悍"的作用，从而使观众惊叹你创作的内容的干货性。

6.7　作品推广

伴随着短视频平台的升级迭代，针对作品发布后播放数的问题，各个平台也都相继推出了作品推广的功能。如果你的短视频作品发布后，作品播放数不够多，那么可以在平台上付费进行推广，即购买一些播放数。那么，作品推广果真那么神奇吗？买与不买到底有什么区别呢？本节就为你揭开答案。

6.7.1　作品推广的分类

在短视频内容发布后，在所在平台上有一个推广按钮。点击此按钮，会出现如下图所示的页面。那么这些指标都是做什么的呢？我该选择哪一种指标进行推广呢？下面，我们就来进行详细探讨。

播放量。顾名思义，就是观看你的短视频的人数。选择期望增加播放量，可能让你的短视频展现给更多的观众，如果封面标题足够吸引人，那么就会增加你的短视频的播放次数，进而促成短视频内容的爆火。

点赞评论。顾名思义，就是增加观众与你短视频的互动数据。选择期望增加点赞评论，有可能可以让更多人和你进行互动。

粉丝量。选择期望增加粉丝量，就是可能提高账号的粉丝数，让你的账号被更多人关注。

个人主页访问量。选择期望增加个人主页访问量，就是可能让更多人看到你的短视频账号的主页。如果有人对你往期所发布的短视频内容感兴趣，就会停留浏览，从而引爆你的短视频账号。

直播引流人数。这个一般是在账号开始做直播或直播的前一两小时内进行投放，简单来说，就是让更多观众通过先看这条短视频，从而进入你的直播间观看你的直播。

6.7.2　作品推广的注意事项

到这里，一些细心的读者一定发现了一件事，就是在解释前边这几个术语时，我全部用了"可能提高你的什么什么数据"这样的说法，而没有说一定。没错，平台提示的期望增加，只代表你想要让平台通过付费推广帮助你做什么，并不代表付费推广之后，就一定能大火、一定能增加这些数据。

在购买作品推广时，应注意下列情况。

推广时要符合观众认同你的逻辑。 简而言之，就是要遵循观众认同你的逻辑进行付费推广。正如我们认识一位歌星，就一定要先了解他的作品，感觉特别好之后，才会去持续关注他的生活、其他作品以及演唱会信息。再感觉不错，才会想着去他的社交平台互动。喜欢到一定程度才会去花钱买演唱会门票。那么观众在短视频平台里认识我们的过程也符合这个逻辑。首先，要发布作品，要让更多的人看到我们的作品，如果观众觉得作品好，他很喜欢，才会形成关注。等关注完并观看了我们更多作品之后，仍觉得还不错，就会主动互动。等互动时间长了、感情加深了以后，才能看我们的直播。所以，我们的作品推广顺序也应该遵循这个逻辑：播放量→粉丝量→个人主页访问量→点赞评论→直播引流人数。当然，如果你不做直播，不喜欢互动，那么你只需推广增加播放量和粉丝量就可以了。记住：一定要让观众先认识你的作品，再来关注你。如果没有内容的积累，那么观众很容易脱粉。

内容要足够优秀。 短视频平台官方开设了可以推广作品的入口，并不是说无论什么类型的作品都能给予数据支持。也不是说，花了钱推广观众就一定都能响应。事实上，花钱付费推广，就意味着平台提供了一个让观众认识你的机会，至于能不能让观众喜欢并且持续关注你的短视频账号，还是取决于你的短视频内容本身。这个是短视频平台官方没有办法左右的事情。这就意味着即使你决定了要花钱付费推广你的短视频内容，也应该注意作品质量。只有作品质量过硬，才能在付费推广时得到想要的结果。

了解自己的观众。 在推广的页面中是可以选择投放人群的，把作品投放在全平台就相当于站在街上发传单一样。但是，如果把作品投放给对的人群，那就会加速你短视频账号的升温，达到尽快让喜欢你这类短视频内容的观众认识你的目的。因此，一定要熟知自己账号内观众的年龄、地域、性别、爱好。这些数据可以登录创作者服务平台去查找；也可以到其他自媒体平台，如微信、微博等后台进行寻找；还可以搜索"粉丝画像分析"，登录专业的分析网站，根据提示去测试、挖掘。

Tips

在进行作品推广时一定要迎合观众认识你的逻辑。首先，标题要足够吸睛、吸引人眼球；其次，内容要足够起承转合；最后，一定要了解自己的观众到底在什么思维层次、年龄阶段。从而有侧重性地进行推广。

6.8　做好账号设置

俗话说得好："人靠衣装马靠鞍。"短视频账号的设置也决定着一个账号能否被人快速认知、快速突出重围、成为热门大号。写好了账号的标题、简介以及封面，就相当于账号有了门面和身份证。那么，账号该如何设置才算有效、才算设置好了呢？本节就为你揭开答案。

6.8.1　如何进行账号设置

账号取名。账号的名字相当于一个人的代号，而在短视频平台中由于账号的日趋饱和，一个醒目的名字能起到让观众快速了解你的目的。那么该如何取名才能做到让观众"快速了解 + 快速记忆呢"？答案非常简单，只要符合模板**"名字 + 所在领域"**即可。例如，你的女儿叫萱萱，而你的短视频账号锁定在育儿领域，那么你的短视频账号名字便可以叫作"萱爸聊育儿"；如果你的账号锁定在美食领域，就可以叫作"萱爸做美食"。

账号简介。账号简介是观众对你加深印象、形成信任的关键。那么问题来了，该如何让大家加深对你的印象、形成信任呢？没错，就是写出**"所在领域 + 成就"**。例如，你的账号锁定在美食领域，而你自身又是米其林厨师，你的简介就可以写：米其林厨师教你做家常菜，×××奖获得者、×××美食顾问等，当然如果你能每周抽出时间帮助观众解答问题，也可以在简介中将直播答疑时间列出来。

账号背景图。账号背景图并不是挑一张好看的照片放进去就可以，它也肩负着让观众对你产生信任的责任。因此，这时你就可以将拿奖的照片、工作照以及既往获得过的其他荣誉等全部以图片的形式展现出来。

账号头像。有句话叫"凡事就怕见面"，只要一见面任何事情都瞬间好办很多。因此，在这里建议选择自己的真人照片或写真照片作为自己的头像。这样，观众能够看到你的真实面目，可以起到快速建立信任的作用。

6.8.2　进行账号设置时应该注意的问题

风格统一。一定要注意账号名字、简介、背景图、头像风格的统一。如果你要走搞怪路线，那么名字、简介、背景图、头像等都走搞怪路线，这样，才能确保风格统一。

避免冗长和花哨。要知道，无论是账号名字，还是简介，抑或背景图，都是观众快速记住你并对你产生信任的一种渠道，因此千万不要将名字弄得太长，将背景图弄得太过花哨，那样，也就失去了意义。

Tips

在进行账号设置时，可以遵循以下两种逻辑。
❖要让观众一眼就认识你。
❖写出你所在的领域及成就，以此佐证你的专业度。
与此同时，你也可以展示获奖照片或工作照及既往获得过的其他荣誉，以增加权威度和信任度。

6.9　短视频与直播相结合

如果你接触到某个人，并对他非常感兴趣，你会怎么做？没错，一定要寻找一切办法和这个人产生联系，并形成合作的态势，从而进一步加深跟他的沟通，了解他的喜好和性格。比如说，一起吃饭、一起讨论事情、一起玩篮球等。那么，为什么不把这种心态利用在短视频内容创作中呢？

6.9.1　什么节点开直播比较合适

似乎所有进行短视频内容创作的人都有这样的困惑："到底什么时间、

什么节点开直播比较合适？"如果你没有直播经验，而又渴望依靠直播售卖商品和课程，那么就需要在有一定粉丝基数，在 1 万～2 万粉丝量时就开始练习开直播。这时，进入你直播间的人数会比较少，但一定都是你的铁杆粉丝。你可以先利用直播与这波人形成强连接，处成朋友的感觉，从而让他们养成定期观看你直播的习惯。当然，这也是你练习直播技巧的绝佳时机。如果你有一定直播经验，那么等到粉丝基数达到 5 万～10 万以后开始直播也不迟。这时，观众对你这个人的期待感也被调动起来了，进入你直播间的人数一定不会少。你可以精心准备，然后漂漂亮亮地开始你的直播首秀。相信，效果一定会如你所想。

6.9.2 短视频直播需要注意的问题

直播主题跟段子要有联系。你的直播主题要与平时发布的短视频内容有一定关联性，这样你的短视频人设才能真正地立住。也是观众对你加深认知，探求更多知识和信息的需要。例如，如果你平时发布的短视频内容是美食制作，那么直播时就应该也说一些和美食、美食制作有关的内容，这样观众才不会觉得突兀；如果你平时发布的短视频内容是阅读、励志，那么你的直播话题就应该更偏向于好书推荐等相关的内容。

提前制定直播大纲。直播不是随心所欲，想说什么就说什么，也需要有一个大纲，这样你才不至于在正式直播时出现没话找话的现象。很多人在没做直播之前总觉得直播非常容易，于是毫无准备就上阵，进而造成了不知所云、过于紧张忘词等现象。因此，提前做好直播大纲尤为重要。

注意直播间节奏。要知道，短视频平台本质是一个娱乐场，因此无论你是知识输出还是技巧解答，一定要找一些比较欢快、能够振奋人心的音乐，在直播时使用。这样观众才不至于厌倦，进而在直播未结束时选择离开，从而造成直播间人数寥寥无几的尴尬。

多与观众互动。切记不要把直播变成滔滔不绝、不管观众的一言堂。在进行直播时，你要与你的观众保持高频的互动。这样观众才不至于觉得没意思，或者觉得你高高在上、不好相处，从而造成脱粉的现象。

不要修饰自己的性格。短视频平台本身就是依靠真性情、产生信任、形成链接的平台。因此，千万不要觉得自己暴露情绪，会让观众另眼相看。一定要将自己完全释放出来，这样观众才能够看到一个有血有肉、真实的你，进而产生信任和长期关注。

当你的账号粉丝基数达到一定程度后，就可以开始考虑进行直播了。当然，在直播时不要刻意隐藏自己的情绪，很多时候，真性情比刻意表演更容易得到观众的认可与赏识。

6.10　植入话题和简介

在发布短视频时，你是否也产生过这样的疑问：内容明明都差不多，为什么他的播放量却比我的播放量高那么多？其实，答案非常简单，那就是：你忽略了短视频话题和描述的重要性。本节就来针对这个问题展开深入探讨。

6.10.1　短视频话题和简介是什么

如果你仔细留意过就会发现，在上传短视频之前，我们的账号中都会存在一个让你添加话题和描述的地方（如下图）。你可别小瞧这个位置，它不仅可以帮助你的观众快速找到你，更能让观众快速了解短视频内容的核心。

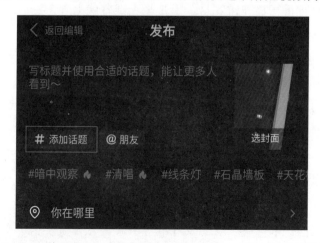

上面图片中 # 号后面就是你想要添加的话题。而这里除了添加话题，你也可以编辑一段短视频简介。

6.10.2　短视频简介和话题该如何添加

短视频简介该如何添加：顾名思义，就是高度概括短视频内容的语言，从而起到让观众快速了解的目的。其语言风格，一般分为以下几种情况。

吐槽式。即以聊天、吐槽的形式概括短视频内容。例如，你的短视频内容记录的是孩子调皮捣蛋的瞬间，那么你的简介就可以写成：摊上这样顽皮的孩子可咋整？你瞅，孩子又作妖了。这样观众看到以后不仅会哈哈一乐，也会快速了解你的短视频内容。

悬念式。即在短视频简介中留有悬念，从而刺激观众完整观看你的作品。例如，你所录制的短视频内容是爸爸教孩子玩大风车，最后孩子想到了更好的方法，把爸爸的智商给比下去了，那么你就可以在短视频简介中这样写：父子俩玩风车，也不知道谁教谁？玩风车的父子俩！结局你指定意想不到。

归纳式。这一点就比较好理解了，就是归纳出短视频内容的梗概或说出短视频录制的内容。例如，你录制的短视频内容是打卡地方美食中的胡同小串，那么简介就可以写成：这家胡同小串相当豪横，你可一定要来尝尝！

短视频话题该如何添加：填写完简介后，在短视频正式发布之前，你也可以添加一些与短视频相关的话题。例如，你的短视频内容是关于儿童教育的，那么则可以添加"＃育儿""＃儿童教育"这样的话题。这能够吸引一部分想要浏览这类内容的人前来观看。值得注意的是，你所添加的话题一定要与短视频内容主题相一致，这样通过搜索进来的人群才会对你的短视频产生兴趣从而进行观看。当然，如果你发现有一些跟自己领域相关的话题挑战赛，也可以适当参加。例如，疫情期间有一个"＃在家舞龙狮"的话题，就非常适合亲子类、家庭类的短视频账号进行参与和创作。

> Tips
>
> 添加短视频简介可以有以下3种方法。
> ❖吐槽式。以聊天、吐槽的方式概括短视频内容。
> ❖悬念式。在短视频简介中留有一定的悬念，引导观众完整阅读。
> ❖归纳式。归纳出你的短视频内容的梗概或说出录制的内容。

第 7 章

轻松7招，10秒创作一条短视频内容

众所周知，短视频内容创作是一个长期的过程。有些人需要每周更新3次，也有些人需要每天更新一次。在刚注册账号前几天或前几个月，你的兴致可能非常浓厚，灵感也源源不断。但是，时间一久，几乎每一个人都会面临灵感枯竭、没太多时间思考短视频内容、没有激情等问题。本章就来教给你7招，让你在10秒内快速创作出一条短视频内容。

7.1 列清单

还记得上学时你是怎样记住老师所留的作业吗？没错，就是在本子上一条条地按照1、2、3、4的编号编好，然后再在每个编号后边记下老师说了什么，具体是哪一项作业。然后，当你回到家写作业时，也会把这个记录本拿出来逐条回顾。其实，在撰写短视频内容时，也可以通过列清单快速进行创作，本节就来为你进行详细讲解。

7.1.1 构建你的清单库

列清单的第一步，便是构建一个清单库。那么，问题来了，这个清单库应该如何建立呢？其实，方法也很简单，只要遵循以下这几个步骤即可。

第一步：收集你的短视频相关领域中观众可能面临的问题。如果你的短视频内容锁定的是育儿这一领域，那么你在平时就需要多加留意、收集家长可能面临的问题，然后随时记录。例如，你今天和孩子吵架，那么从吵架到和好这个过程，你是怎么处理的？孩子的表现是什么？吵架的根本原因是什么？这些都可以记录在本子上。这都将是你日后进行短视频内容创作的素材。

第二步：根据收集到的问题，寻找答案。例如，你收集到的问题是"如何解决孩子因为爱面子和你吵架"，那么回忆你上次因为这件事情跟孩子吵架后，你是怎么做的，将答案一一记录下来。

第三步：根据罗列好的问题与答案，寻找相匹配的名人名言和故事。例如，你收集到的问题是"如何解决孩子因为爱面子和你吵架"，并列出解决方案。①先等孩子发泄完；②蹲下来和孩子回顾刚才的吵架事件；③与孩子坐在一起进行行为剖析，找出不恰当行为，鼓励孩子说出内心真实感受。那么这时，你就可以使用找到的关于"平等育儿、保护孩子自尊心"的名人名言。

温馨提示：你所寻找的名人名言，一定要与你收集和罗列好的问题与答案相匹配，即能佐证你答案是对的，或者与问题的主题相关。

7.1.2 清单库该如何整理

收集好问题、答案、名人名言后，接下来就需要整理清单库了。整理清单库主要遵循以下几大原则。

删除老生常谈的问题。这一点比较好理解，就是要坚决舍弃大家老生常谈但没有更好解决办法的问题，因为这时对观众而言，你说和不说其实是一样的。这样的素材制作成短视频内容，缺乏实用性，观众也不会买单。例如，我们都知道孩子挑食很不好，但家长除了变着花样做、逗孩子乐然后夹带不爱吃的蔬菜、用吃某些食物长高个的方式哄孩子吃似乎没有什么新的方式。如果你的答案恰好也是这个，那么这时这条清单素材就属于老生常谈的问题，就需要狠心舍弃了。

删除模棱两可的答案。如果你收集到的答案是可做可不做的，就可以舍弃。例如，针对孩子早起不爱吃饭的问题，可以让孩子早睡或让他带到学校吃。这个答案就很模棱两可，因为这两种做法都根本解决不了实际问题。（解决方案中：①孩子早睡并不能解决早起不爱吃饭的问题，补足睡眠时间、提前睡觉也不意味着就能早起。②让孩子带早餐到学校，不想吃的孩子依旧可以放着或扔了不吃，无法解决实际问题。）

将收集好的问题与答案进行归类。例如，你收集了孩子爱撒谎、爱打架、爱惹事的问题与答案，那么就可以将其归类为"孩子调皮捣蛋类问题"。当你下次翻阅清单库时，就可以清晰地找到想要的某类问题了。不仅方便日后将内容做成系列，更方便你查缺补漏。

7.1.3 清单式短视频内容的框架结构

收集好问题与答案，并且整理好清单库之后，就可以正式进行短视频内容创作啦。清单式短视频内容结构为抛出问题→给出解决方案→总结 / 引导关注。

抛出问题，即抛出清单上收集到的问题。

给出解决方案，即清单上列好的答案。在这里有一点需要注意，解决方案可以按照清单上罗列的答案顺序进行设置。

总结 / 引导关注，即说一些"你学会了吗？赶紧去试试吧！"这样总结类的内容，结束短视频的录制。

7.1.4 案例剖析

孩子写作业磨蹭，是因为没有自律性，那么如何帮助孩子建立自律呢？两要两不要。第一，要让孩子知道做作业是他自己的事情；第二，要让孩子知道完不成作业是要被老师批评的，因此产生的后果要自己承担。这样作业归属问题就变得清晰、明了了。那么两不要是什么呢？第一，不要把做作业揽到自己身上；第二，不要催促和命令，这样会引起孩子的反感。做到以上几点，家长是要拥有胆识和魄力的，你敢不敢尝试呢？

解析：上面的短视频内容文本节选中"孩子写作业磨蹭，是因为没有自律性，那么如何帮助孩子建立自律呢？"这句话，抛出了短视频的主题；接下来"两要两不要"就以清单的形式划分了解决方案；而后对"两要两不要"的解析就是"给出解决方案的部分"；最后总结"做到以上几点，家长是要拥有胆识和魄力的，你敢不敢尝试呢？"紧扣主题。

温馨提示：在这个短视频内容节选中，把给出解决方案的部分划分成了两部分，即两要两不要。在创作过程中，也可以按照 1、2、3、4 的方式给出解决方案。

Tips

列清单式内容的撰写方法就是，找出所在领域或周遭人遇到的问题，通过问题寻找答案。然后将你的问题和答案进行分类汇总，最后在制作短视频内容时为自己所用。

7.2　出题式

现在，请闭上眼睛回想一下，当你做侦探题或猜灯谜时，绞尽脑汁也想不出来，你会如何做？没错，一定是直接看答案或问出题者答案。那么本节就来为你介绍出题式短视频内容的撰写。

7.2.1　出题式短视频内容的形式

出题式短视频内容，顾名思义，就是在短视频中以出题的形式设置内容，吸引观众观看，进而达到吸引观众互动和留言的目的，其内容形式分为以下几种。

图片表达。 这样的形式比较简单，就是直接将心理测试、情感测试、看图测运势等相关内容以试题的形式罗列在一张图片内，观众观看完视频后，就会自己去作者指引的地方获取答案。

讲故事。 这也不复杂，就是将侦破悬疑的试题，通过口播的方式，叙述一遍，同时配上动画和字幕。观众在观看后，就会主动思考并在短视频的评论里留下答案。

7.2.2　出题式短视频内容在撰写时需要注意什么

这类出题式短视频内容主要针对喜欢心理测试类内容的观众，如果你喜欢短视频内容创作但又不知道该做什么内容时，出题式的内容形式可以帮助你快速了解平台功能、了解观众。当然，在创作这类内容时，也有一些地方需要注意。

不要直接公布答案。直接公布答案是这类短视频内容最忌讳的事情。因为直接公布答案会减少期待性和观众思考的过程。不仅会造成你账号内评论数据的减小，还会给观众带来极差的体验感。正确的做法是在评论区将答案公布出来。

选择适中的题目。要知道浏览短视频平台的人，一般都是利用碎片时间，而且学识、推理等方面的能力可能参差不齐。因此，你所选择的题目就一定要适中，不要让观众过多地寻找线索去深挖答案，也不能如小儿科般一看就懂。在这里，建议设置一些心理类、运势类测试题目。

7.2.3　案例剖析

解析：上面这种测试类内容，是目前短视频平台上比较流行和普遍的短视频内容创作形式。仅需观看并记住自己选择的答案，再去评论区找到作者的留言、查看自己选择的答案对应的测试结果即可。这类内容既没有让观众层层抽丝剥茧寻找答案，也不会像"1+1=2"那样简单得让观众感觉无聊。

Tips

出题式短视频内容，顾名思义，就是通过题面吸引观众进行观看，从而达到引起观众互动和留言的目的。创作这样的内容时一定要注意，不要公布答案，题面要适中。这样观众才能真正地有意愿去留言。太难或太简单，都起不到效果。

7.3 讲述式

当你听别人讲故事时，是不是也会一开始被故事主角一波三折的经历、回卷流畅的感情吸引，进而坐下来花费大半天时间进行聆听呢？那么不妨将这一种心态挪用到短视频平台上来。直接讲述一段故事、一段历史，相信一定会收获不少观众的青睐。

7.3.1 讲述式短视频内容的撰写模板

讲述式短视频内容的撰写，就是将你的亲身经历、你所见到的事情以及你的观点，有逻辑地讲述出来。这需要文章作者具备对生活拥有足够深刻的洞察能力和领悟能力。其内容模板一般有以下 3 种形式。

1. 讲述事情的起因 + 讲述事件整体 + 结论 / 观点

先讲述事情的起因，例如，"我今天看到了一个特牛的老大爷"；然后讲述事件整体，例如，"跟老婆去公园遛弯时，我发现一个老大爷在单杠上做回环。好家伙！老大爷的身子骨可真够硬朗，就那样一圈一圈地绕，不带停歇的啊！我看了能有 1 小时都没停下"；最后说出结论，例如，"这老大爷能有 80 来岁了，这体力比小伙儿都棒"。

2. 事件 + 评论 + 发出倡议 / 解决方案

这种结构一般都围绕热门新闻事件展开。例如，最近发生了一个"妈妈虐打女儿致死的新闻"，那么就可以根据这个模板进行短视频内容的创作。先说事件，例如，"我今天看到了一则妈妈虐打女儿致死的新闻，在感觉悲凉的同时又觉得非常震撼"；然后针对事件发表新闻评论，如"都说虎毒不食子，试问什么样的妈妈能如此狠心"；最后发出倡议，"我建议应该……"。

3. 时间记录

这种形式一般在 Vlog 中比较常见，按照时间顺序将一整天内发生的事情全部记录即可。例如，记录美好一天，早上、中午、晚上。值得注意的是，在记录的同时，可以夹杂一些评论，比如，你们看这个怎么样？我做的午餐不赖吧！这样能够增加一些互动。

7.3.2 讲述式短视频内容在撰写时需要注意什么

这类内容最主要的就是取材生活、洞察生活。因此，在平时就需要训练自己这方面的能力，碰到好玩的事、碰到可以拿出来讨论的事，就要第一时间思考对这件事的看法。久而久之，洞察力就能够被训练出来。到这里，可能有人会说："我生活很平淡，遇不到那么多稀奇古怪、好玩的事该怎么办呢？"事实上，并不是这样的！我们每天送孩子上学、辅导孩子写作业、在公司跟朋友聊天、和家人相处等无时无刻不是素材。例如，你发现花瓶破了、口红碎了，那么就可以探寻下究竟"到底是谁弄坏的"，进而衍生出教育孩子、与家人相处的方法论。这样一条短视频内容就完成啦。还等什么？赶紧着手发现生活、思考生活，构建你强大的素材库吧！

假如你选择的是第二种模板，那么你就需要注意选材了，你选择的事件一定要拥有足够的热度。例如，事件进了百度搜索风云榜前3名、微信搜索榜前3名、微博热门话题榜前3名等，只有选择这样的话题，才能确保你的话题被讲述出来以后，拥有足够的关注度。

Tips

在撰写讲述式短视频内容时一定要将讲述事情的起因＋讲述事件整体＋结论/观点进行汇总，或者讲述事件＋评论＋发出倡议/解决方案。这样观众才能够清晰地了解整个短视频内容框架脉络，从而达到传播的目的。

7.4　三段论式

在短视频内容创作的过程中，如果实在摸不着头脑，那么还可以采用三段论式，将你想要表达的内容呈现出来，进而快速进行创作。

7.4.1　三段论式短视频内容的撰写模板

第一种：感悟 + 故事 + 鸡汤。 就是先将对生活的感悟表达出来。例如，我觉得生活不一定非得是快节奏的。然后再讲述一个故事佐证你阐述的感悟。例如，为了证明"我觉得生活不一定非得是快节奏的"这句话，可以讲述一个"因为快而造成严重后果的故事"。最后，用一句金句进行结尾。例如，人生路漫漫，快就是慢、慢就是快。

第二种：案例 + 复刻 + 答案。 这类内容需要先找到一个制作美食或实验的短视频案例，然后根据案例上教授的内容一板一眼地重新操作一遍，然后得出结论，例如，是好吃还是不好吃？是否可以达成案例视频中讲述的内容？直接给出答案就好了。

第三种：时间 + 做了什么 + 总结。 这种比较适合 Vlog 形式的视频，就像日记一样，将一天遇到的事情讲述出来。例如，今天是几号？我的梦想是什么？我为这个梦想做了哪些努力？我希望未来怎样？今天是开心、沮丧，还是忧伤的一天？

7.4.2　三段论式短视频内容在撰写时需要注意什么

舆论导向要正确。 互联网不是法外之地，三段论式短视频内容虽然使用起来比较便捷、快速，直接套用即可，但也应该注意正能量。这并不代表我们不能抒发真情实感，而是说在发表见解、观点时要注意措辞，注意对观众的影响，尽可能将个人总结出来的人生经验、心灵鸡汤以及遇到的真实事件心平气和地讲述出来。

过度包装。 三段论式短视频内容的撰写模板，最吸引人的地方就是真实记录。无论是你的感想、观点，还是梦想，抑或你想出的金句，都是最佳的素材来源。你只需心无旁骛地将这些记录下来就可以了。不用为了美观而过度包装，或者为了内容深度而冥思苦想，这些既浪费精力，也让你的短视频内容丧失了真实记录、抒发真情实感的优势。要知道，现在观众的眼睛都是雪亮的，一旦短视频内容脱离了真实性，观众也就没那么期待了。

三段论式短视频内容的撰写有以下3种模板。
❖ 感悟＋故事＋鸡汤。
❖ 案例＋复刻＋答案。
❖ 时间＋做了什么＋总结。
在撰写三段论式短视频内容时，一定要注意内容导向的问题。抒发真情实感、发表见解时也一定要注意真情实感的流露。这样观众才能够接收到你的诚意，从而更好地传播你的内容。

7.5　新闻式

有些人从生活中收集素材或深耕某个领域的知识点比较困难，但是又想尝试短视频内容创作，那么，还可以采取一种更简单的方式，即新闻式。这种形式只需想到一个话题，然后找三五好友说出他们的见解，再去整合、剪辑就可以发布了。

7.5.1　新闻式短视频内容该如何创作

这里的新闻，并不是在电视上的那种新闻类节目，而是以新闻采访、新闻口播的方式，传递出来的一个又一个笑话、段子。说这类的内容比较轻松，并不是说内容创作本身有多么轻松，它需要三五好友一起配合，形成头脑风暴，才能被创作出来。这就省去了大量的、光靠一个人闷头苦想的精力。其内容形式，大致分为以下两种。

第一种：新闻模拟。顾名思义，就是模拟电视上的新闻形式，但内容完全不同。其内容结构一般为**新闻演绎＋转折抛笑料**。例如，视频一开头，一位小姐姐问一位男士："听说你今天上班救了一位老人……（此处省略500字）"，当男士缓缓地将事情的来龙去脉讲完后，事情突然逆转，被救老人跟女儿说："这种人不能嫁！"逗得大家哈哈一乐。

第二种：街头采访。 这种形式比较直接，一般采用一问一答的形式。直接问路人问题，路人用脑洞大开的方式回答或出人意料的回复，促成包袱、笑料的产生。值得注意的是，在这种形式中，路人的回答是点睛之笔。因此，一定要选择一些"意料之中，情理之外"的回复，才能促成最后笑料的产生。

7.5.2　案例剖析

记者： 请问你是受了什么刺激吗？要在这儿学青蛙叫。

男子： 跟我女朋友分手了。

记者： 那方便说一下分手的原因吗？

男子： 今天七夕，她送我一块名表，我只送了她一支口红。然后我们就分手了。

记者： 那这是她觉得你送她的东西，没有她送你的东西值钱，是吗？

男子： 去年七夕我送了她一件一万多元的大衣，她只给我买了一副十几元钱的墨镜，我当时不也啥都没说吗，还特别高兴。

记者： 既然她不是因为你的人跟你在一起的，那你为什么还要难过呢？

男子： 因为这些都是我用花呗分期付款买的，钱还没还完呢。

解析： 这是一条新闻模拟式短视频内容。从记者的问话都是在阐述新闻内容，而男子的最后一句答话"因为这些都是我用花呗分期付款买的，钱还没还完呢。"产生了急速的转折，促成了笑料。

Tips

这里的新闻并不是电视上见到的新闻，而是以新闻体的方式向大众传播段子、笑话，进而起到讽刺和警醒世人的作用。

7.6　梗概式

　　读过的某本书、看过的某部电影、遇到的某个事件经常能给我们一些灵感。 那么这时，我们又该如何抓住这些灵感，进行短视频内容创作呢？答案很简单，那就是"撰写梗概"。 通过讲述故事的来龙去脉，刺激观众产生兴趣。 那么具体又该如何操作呢？ 本节就来为你进行详细阐述。

　梗概式短视频内容该如何创作

　　这类短视频内容主要是为满足渴望看某本书或某部电影，但由于时间、地点等原因，无法完成的人群。 这样的内容在创作时，一般分为以下几个步骤。

　　第一步：寻找风评比较好的图书、电影，或是国内比较罕见但国外比较火的影片和图书。 这需要你通读全书或观影后，找出其中的主线。 比如，一部作品中，讲述了小女孩为寻找母亲遇害真相的同时也讲述了她的爱情，那么就以寻找母亲遇害真相为主线。

　　第二步：将故事进行切割，分级进行讲述，每级只讲述其中一个阶段的内容。 例如，小姑娘小时候亲眼看见母亲遇害，然后长大后成了警察，最后在任职警察期间发现了与母亲案件作案手法相同的案件，最后通过层层线索抓住了真凶，挖出了数十年前杀害自己母亲的人。 这则故事，就可以以小姑娘小时候亲眼看见母亲遇害为第一集；以求学变成警察的过程为第二集；以发现同类案件抽丝剥茧破案为第三集；以真凶交代数十年前杀害自己母亲的真相为第四集。

　　温馨提示： 这里每集的结尾都要注意暗藏一个悬念，这样观众才会产生持续关注的兴趣。

　　第三步：以第三人称和故事主线为封面标题，植入新闻元素。 我们还是以上面小姑娘的事情为例。 第一集的标题就可以写成"小姑娘亲眼看见母亲遇害，却装作若无其事"这样，观众在浏览完后就能够瞬间激发出好奇心和兴趣，进而点击进来查看事情的来龙去脉。

　梗概式短视频内容在撰写时需要注意什么

　　抓住事情的主线。 在进行梗概式短视频内容创作时要围绕主线展开，同时删除过多的副线内容，从而能起到直奔主题的作用，同时也能和真正的正片区分开，给观众留下一些去看正片的驱动力和新鲜感。

讲述故事的同时配上影片片段。 在短视频平台上讲述梗概式短视频内容时，一定要配上对应的影片片段或书的内容节选。这样才能使观众有一种身临其境的感觉，从而起到快速浏览的作用。

字幕与声音同频。 梗概式短视频内容，一般都取决于短视频创作者自身的语言偏好、对影视内容的提炼度、对影片的感悟力。因此，在制作这样的短视频时，不要单纯地只是用影片片段＋声音进行展示，一定要配上与声音同步的字幕。这样观众才能在接收到信息后，直观地领悟到这部作品的讲述内容。

> **Tips**
>
> 在创作梗概式短视频内容时，一定要注意抓住整个故事的故事线。根据这条故事线进行切割与分集描述，这样才能真正创作出观众乐于观看的内容。

7.7 吐槽式

当你向别人讲述最近发生的离奇事件或不幸的遭遇时，你会如何讲述呢？没错，一定是滔滔不绝，那么当我们创作短视频缺乏灵感时，为什么不选择利用这样的形式呢？本节针对吐槽式短视频创作方法，进行详细的探讨。

7.7.1 吐槽式短视频内容该如何创作

吐槽式，顾名思义，就是围绕某个问题不断地发表自己的观点。这类内容类似于随笔和解说，它没有什么固定的内容模板，看到什么拍什么，看到什么说什么。例如，前阵子美国大选，街道上会出现很多奇怪的现象：车子上插小旗子、邻居汽车被盗等，就有不少短视频内容创作者针对这些现象创作了短视频。

7.7.2 吐槽式短视频内容在撰写时需要注意什么

被拍摄的事物本身要具备话题性。 拍摄吐槽式短视频内容时，一定注意被拍摄事物本身要具备一定话题性，这就需要你具备发现不同的眼睛，主动寻找一些反常或值得吐槽的事物。其实，寻找这类事物并不难。例如，邻居家小孩的哭闹，楼下增多的汽车，都可以作为创作的素材。当然，所讲述的内容一定要是正能量。

以聊天的口吻进行讲述。 这种吐槽式的短视频内容本身就有着鲜明的个人色彩，因此建议大家在使用时一定要以聊天的口吻进行讲述，这样能够给观众一种真实感和亲切感。

情绪不要过于负面。 伸张正义、聊天吐槽都可以，但一定要注意，情绪不要过于负面。千万不要造成脏话连篇的现象出现，也不要刻意煽动负面情绪，这些都是平台不允许的。

Tips

在创作吐槽式短视频内容时，一定要围绕某个问题发表自己见解，使观众跟你保持同频并对你的思想形成认可。千万不要把问题点打散，那样观众就无法接收到你的信息。

第
8
章

爆款短视频脚本拆解：探索大 V 账号疯狂涨粉的秘密

在进行短视频内容创作时，你是否也有这样的疑问：为什么他的账号就能粉丝无数，而我的账号却很少有人关注？为什么他们就能创作出播放量破百万、破千万的爆款短视频？这其中有没有什么方法和规律可以遵循？本章就为你揭开这一系列问题的答案。

8.1　拆解@小猪有点饿爆火的秘密

关键词： 美食＋讲故事、特点混搭、不走常理

爆款详情： 280.8 万粉丝、10 万～710 万播放量

8.1.1　定位：将擅长的事情做到极致（美食＋讲故事特点混搭）

第一次看到这个账号时，就觉得耳目一新，创作者既擅长烹饪美食又擅长讲故事，这两个原本没有什么关联性的爱好被黏合在了一起，从而在定位上这个账号就已经比别的账号领跑一步。类似的账号还有 @王蓝莓，这位创作者将美术绘画和动画、儿时的故事、90 年代等元素相结合进行短视频的创作。

8.1.2　标题：满足期待＋情怀牵引＋感官冲击

短视频封面标题举例：

（1）3 元钱，吃米其林套餐。

（2）1元钱，吃网红奶酪棒。

（3）"00后"没吃过，猪油糖。

（4）满嘴爆浆的，巧克力脏脏包。

解析： 由于此账号为美食类，因此首先要求封面的色彩丰富、诱人。单就短视频内容创作本身而言，采用了"满足期待＋情怀牵引＋感官冲击"多种技巧并用的方式。上面前两个标题属于满足期待类，激发观众浏览的欲望，其模板一般为"几分钟或几元钱或其他单位数据（提炼数据）＋做什么事情"，我们都知道3元钱或1元钱可能并不能购买什么东西，但标题后的吃米其林套餐、吃网红奶酪棒就会激发观众的期待，进而观看寻求答案。提炼数据一般可以从以下几个方面进行操作。

销量。 这一点在产品类账号的短视频封面中比较常见，为了彰显产品销售状况比较好，可以释放销量数据，刺激观众产生好奇。例如，月销100万件的羽绒服；30元卖爆7万瓶的爽肤水，比神仙水还好用。

传承年度。 为了显示短视频内容的珍贵程度，满足观众难得一见的心理，你还可以将有多少年的历史、手艺传承了多少年写入封面标题中。例如，传承了600年的手艺，10秒学；教你亲手做一坛百年历史的纯手工老酒。

钱数。 尽管人们的物质生活水平日益提高，但依旧有很多家庭吃不起昂贵的食物，因此以极少的钱数吃到最营养、最健康的食物，或以极少的钱数进行快乐舒适的旅游，依旧是观众比较感兴趣的话题。那么不妨以"几元钱＋做什么事情"为封面标题，也会瞬间激发观众的兴致进而观看。例如，3元钱吃香辣大鸡排；100元钱逛遍北京。

时间数字。 有时，人们想掌握一门技巧，却又担心学不会、听不懂繁冗复杂的程序。短视频是一种最直观的信息承载工具，可以以"几分钟＋学会什么""几分钟＋做什么事情"为标题，吸引观众打开。这类封面标题可以让观众觉得你的短视频内容浅显易懂、实用性强。

接下来继续说 @ 小猪有点饿这个短视频账号的封面标题节选，在上面节选的封面标题中，标题（3）应用了"情怀牵引"这一技巧，"00后"没吃过，意味着这是"90后""80后"甚至"70后""60后"吃过的老食品。一下子说出了食物的年代感。而"猪油糖"3个字，则又把目标观众圈定在了更细致的范围内，即"80 后"。

标题（4）应用了"感官冲击"这一技巧，虽然没说出具体的口味，但"爆浆"二字，足以让人想象到满嘴馅料的满足感。封面标题后半段"巧克力脏脏包"，则细化了这种满足感来自"巧克力"。而巧克力，我们都知道是甜的，这样也能够让人有亲身品尝的感觉。

8.1.3　内容：不走常理+使用对话+亮出爆点

选段一：我，是存在感为 0 的白凉粉，躲在厨房里找不到的那种，和别人说话会被当成空气……

选段二：

牛肉：洋葱，你跑哪儿去了？我找你半天。

洋葱：我让你找我了吗？

牛肉：都这么晚了，要不我送你回家？

洋葱：不要，不要，你以后别再找我了。

牛肉：洋葱，你！

洋葱：再见。

解析：从上面的短视频内容节选中可以清晰地看出这个短视频账号的内容全部应用了"不走常理"这一技巧。观众乍一看，以为在讲述美食烹饪，而实际上只要你浏览每一条短视频内容后，就会被它们讲述的爱情故事吸引，进而领悟到一些爱情哲理。

从选段一中可以看出创作者应用了"使用对话"这一技巧。一个"我"，瞬间将观众的情绪带入进来，然后将故事娓娓道来。

而选段二则应用了"亮出爆点"这一技巧，首先运用对话交代了自己（主人公）的境遇，即"洋葱，你跑哪儿去了？"将观众瞬间带入故事中，进而对后续的内容产生兴趣、寻求答案。

值得注意的是，这个账号最突出的特点就是内容形式全部都采用"讲述爱情故事 + 第一人称或第二人称 + 普通大白话"这 3 个元素进行创作的。首先，爱情故事，离生活不远，甚至就是观众的日常生活。当你的某个爱情记忆被唤醒时，就会瞬间迸发出共鸣感；而第一人称或第二人称，本身就会让人有一种故事就发生在身边的体验感；"普通大白话"这一元素可以拉近与观众之间的距离，让观众观看起来毫无距离感、也不需要耗费太多精力去思考内容想要传递什么，直接接收到想要传递的内容。因此，这种方式更便于传播和互动。再加上男女声角色配音和唯美的画面，俨然一部"食物的爱情故事"系列主题片，更加增强了观众的代入感。因此，在进行短视频内容创作时，也可以采用这 3 个元素。

> **Tips**
>
> 提炼数据可以从销量、传承年度、钱数、时间数字 4 个维度进行汇总。通过故事、普通大白话、第一人称或第二人称等方式进行输出，进而达到拉近与观众之间的距离，形成亲和感的目的。

8.2　拆解 @ 店侦探爆火的秘密

关键词： 知识拆分、简化、揭秘

爆款详情： 200 万粉丝、10 万～50 万播放量

8.2.1　定位：知识拆分、简化

这个账号最明显的特征，就是可以将诸多行业、诸多领域的专业术语以浅显易懂的语言讲述出来，进而让所有观众都能够听懂、看懂。这需要创作者具有知识拆分、简化的能力。类似的还有短视频平台上最近爆火的名校学长系列的短视频账号，以及各类房产类、股市类短视频账号。

8.2.2　标题：揭秘类

短视频封面标题举例：

（1）揭秘，9 块 9 抢手机的套路。

（2）揭秘，职业生涯规划骗局。

（3）揭秘，瑞幸股价暴跌。

（4）揭秘，暗扣话费的内幕。

解析： 这个账号的短视频内容大多采用了秘密外露类短视频标题的撰写模式，即揭秘 + 行业现象。上面案例中"9 块 9 抢手机""职业生涯规划骗局""瑞幸股价暴跌""暗扣话费"为市场上常见现象。而针对这些常见现象，似乎存在着一些疑问。该短视频账号，恰好迎合了这一点。在短视频创作中，为了提升观众对话题的关注度，也可以选择一些"很常见但很少有人知道背后的秘密"的行业现象进行阐述。

8.2.3　内容：降维科普 + 亮出爆点

选段（开头部分）： 今天带你揭秘职业生涯规划骗局。疫情期间，很多人失去了工作，而更迷茫的是应届毕业生，马上就要毕业了，但是就业形势这么严峻，该怎么找工作？

解析： 短视频开篇利用了"亮出爆点"的手段，陈述了当前大家面临的现状。即"很多人失去工作，毕业生更迷茫，马上要毕业、就业形势很严峻"，然后，抛出了话题：就业形势这么严峻，该怎么找工作？在进行短视频内容创作时，也可以选用这种技巧。即先陈述近况，然后抛出问题，引导到短视频的主题上。

选段（内容解析部分）： 于是，就有一些不良机构，利用人们的焦虑，打着免费职业测评的名头，赚取不义之财。他们在网上找一些测试题，测试之后，给出一些看不太明白的数据结果。如果你想要明白这些数据什么意思，那请转账付费，而在你交钱之后……（此处省略 800 字）。

解析： 以上是该短视频节选的内容解析部分。这里利用了"降维科普"的手段，将大多数人不知道的事情讲解出来。将整套运作方式呈现给观众，进而提升观众的认知。通篇对"职业生涯规划骗局"的解析，并没有专业术语，都是简单易懂的语言，让观众不用多想也能了解其中逻辑。在日常进行短视频内容创作时，也可以选择这样的方式。利用通俗易懂的说法将专业的信息表达出来。这样观众便能毫不费力地接收到你想要表达的信息，进而获得认知提升。

选段（结论部分）： 基本上没什么帮助，也不会有后期跟踪服务。网上就有免费的 MBTI（迈尔斯布里格斯类型指标）性格职业测试，也有各式各样的免费解说，但是测试只是辅助手段，你能胜任哪些工作，还是要认清自己的专业能力，不要让不怀好意的人有机可乘。

解析： 此处表明了作者的态度。即认为这样的职业规划没什么帮助，网上也有很多类似的测试。关键是认清专业能力，然后寻找对应的工作。

选段（结束语部分）： 别问我是谁，我也怕被打，关注店侦探，带你了解更多内幕。

解析： 在结束语部分，这个账号反复使用了这一句话。其实，这也是强制关注产生记忆的一种手段。同时，也表明了自己的态度和账号的核心。即"怕被打"是自己示好的态度、"了解更多内幕"是账号的核心宗旨。因此，在日常短视频内容创作时，也可以采用这样的方式，为自己创作一条固定的宣传语，表明自己的态度和账号的主旨。比如，我是×××，每天分享好吃、好看的食物；关注我，带你穷游世界。

根据上面的解析不难看出，这个账号的短视频内容结构大致可以拆分为表达正在发生的状态，抛出疑问、点明主题，详细讲解这一现状为什么会存在，表达个人观点，释放账号宣传语，加深观众记忆。我们在进行短视频内容创作时，也可以采用这样的逻辑进行创作。

Tips

如果想在短视频内容中增加观众对你的记忆感，那么不妨创作一条固定的宣传语。同时，表明自己的态度和账号的主旨，让观众能真的记住你。

8.3 拆解@名侦探步美爆火的秘密

关键词： 行为反差、优势混搭、意外故事、答案后置

爆款详情： 734 万粉丝、100 万～5000 万播放量

8.3.1　定位：行为反差＋优势混搭

初看 @ 名侦探步美这个账号，相信你一定会为孩子的智慧、善于观察、发现问题、解决问题的能力惊叹。这就是名侦探步美这个账号带给观众的震撼。孩子本应该是玩乐的年纪，但这个账号给孩子打造了"名侦探"的人设。这种四五岁孩子和缜密的逻辑推理能力形成了鲜明的反差。将孩子爱推理、洞察事物的优势完美地凸显了出来。

8.3.2　标题：采用"意外故事"的形式

短视频封面标题举例：

（1）我被关在密室了。

（2）甩掉跟随的陌生人。

（3）深夜传来的哭喊声。

（4）爸爸想贿赂我？

解析：这个账号的封面标题大多使用了"意外故事"这一技巧。直接将离奇的事情陈述出来，但并没有告知观众结局；或者事情的走向。案例封面标题中"被关在密室""跟随的陌生人""深夜传来的哭喊声"都是非常离奇的事件，从而刺激观众点击视频观看事情的结局。

温馨提示：如果采用"意外故事"这一技巧，那么你阐述的故事一定要足够离奇，让人一看就知道有故事发生才行。这样才能激发观众的兴致。

8.3.3　内容：植入"答案后置"这一技巧

案例：

爸爸：步美，看看爸爸买什么回来啦？

步美：口罩！爸爸你在哪儿买的呀？

爸爸：现在这都是紧缺货，没点儿关系根本买不到。

步美：不会买到假货吧？

爸爸：胡说八道！我在你孙叔朋友圈买的，那还能有假？一次性医用口罩、产品注册证编号，这都有啊。你看，新闻都说了，得用一次性医用口罩。

步美：一次性是真的，医用口罩可不一定。

爸爸：上面都写了还能有假？

步美：我查过才知道！辨别口罩真假的最好方式，就是进入国家药品监督管理局的官网，点这儿、点这儿。点击"医疗器械"，选择"国产器械"，输入口罩上的产品注册证编号。透过现象看本质。

爸爸：难道我又被骗了？

步美：爸爸，你终于聪明了一回。（随后，步美瞅着口罩说）哼！披着羊皮的狼。

解析：以上内容是这个账号内的短视频脚本节选，该短视频内容采用了"答案后置"的技巧。开篇一句"不会买到假货吧"瞬间激发了观众的好奇心，点明了这个短视频的主题。紧接着步美抽丝剥茧，以"医用口罩的产品注册证编号"作为线索。到国家药品监督管理局官网查询的过程就是将线索串联的过程，在短视频结束时才抛出答案"是假的"。值得注意的是，整个短视频内容，实际上是想要告知观众：该如何辨别真伪，但通过故事的形式巧妙地输出，避免了直接告知的讲授、说理行为，极大地拉近了与观众之间的距离。

因此，在想要创作传授知识或常识的短视频时，也可以采用这种方式，将想要传递的内容以观众可以接受的方式进行呈现，这种表现形式称为软性输出。简而言之，软性输出一般有以下两种形式。

还原生活。如果你想要传递的知识和生活比较贴近，那么将知识还原于生活本身即可。例如，你要传递"如何挑橘子"这个知识点，就可以采用这样的故事：一个小姑娘去水果商店买橘子，剥开橘子皮吃橘子，但被酸得直倒牙，再通过与店主的一番交流沟通，揭开正确的挑选方法。

嵌入主题。如果你想要传递的知识点和生活的关联度比较低，那么可以选择嵌入主题的方式进行输出。例如，如果想传递如何分辨艾莎公主的真伪知识，就可以创作以一个洋娃娃为主题的短视频。通过小孩子玩洋娃娃时出现的若干问题，输出你想要传递的知识。

Tips

如果想要软性输出知识，首先要做到的就是还原真实生活，将知识落实到生活的具体场景中。如果知识和生活的关联度比较低，你也可以赋予一个主题，将知识和生活相串联，从而让观众有眼前一亮的感觉。

8.4　拆解@雷明爆火的秘密

关键词： 极致、强知识输出、降维科普

爆款详情： 130 万粉丝、5 万～146 万播放量

8.4.1　定位：将擅长的事情做到极致

@雷明这个账号，是将擅长的事情做到极致的典型。雷明老师本人就是多档儿童类、儿童早教类节目的主持人，而且还曾到多地开展讲座、咨询等。在短视频平台上，他便利用了这一优势，继续以育儿、儿童早期教育为核心，打造了育儿专家的人设。另外，帅气的面庞，自然使他圈粉无数。因此，如果你有一技之长，且在社会上的知名度不低，那么就可以选择以这种方式打造你的短视频账号，进而形成品牌。值得注意的是，这类账号在选材上要做到尽可能地细致。他不会像其他账号那样只是泛泛地讲解"孩子哭闹怎么办？""孩子不爱写作业怎么办？"，而是讲解具体问题，例如，孩子在电梯里遇到坏人怎么办？孩子突然结巴怎么办？这些都是在观看标题后，就能够联想到的具体场景、具体情景。这一点，在接下来的内容中会详细讲述。

8.4.2　标题：强知识输出

短视频封面标题举例：

（1）越懂事的孩子爸妈越要小心。

（2）孩子嫌弃家里穷怎么办？

（3）写作业奖励玩手机对不对？

（4）多大的孩子可以使用手机？

解析：通过以上的封面标题节选，你可以很清晰地发现，每一个标题刚好都是当代父母正在遇到的问题。而且阅读完以后，很容易就在脑海里还原出了实践的画面。这就是知识输出类封面标题应用到极致的表现。而且，往往只要讲述了这个问题画面，就已经能够自然地吸引无数粉丝和家长的关注了。因此，在日常的短视频内容创作中，也可以继续沿用这样的形式。例如，你想提醒大家不要将新买的立柜放到卧室，否则会致病、致癌，那么就可以讲出具体问题和场景，将封面标题拟成：注意！新买的立柜放屋内，10 天后竟患重病，这要远比"新立柜容易致病"这样的封面标题更具体、更形象，可以让人一下子产生情景还原的感觉，进而点击进来寻找答案。

8.4.3　内容：降维科普

家长会是家长和老师沟通的好机会，但是很多家长在见到老师时，却不知道该怎么和老师沟通，只知道问："我们家孩子在学校表现得怎么样？"这样老师回答起来也比较笼统。建议大家可以换一种方法问老师：第一，我们家孩子有哪些值得表扬的地方？第二，老师，您觉得我们家孩子还有哪些需要改进和提升的地方？第三，需要我们家长怎么配合老师？这 3 个问题，可以给老师一个明确的引导。

解析：@雷明育儿类账号与短视频平台上大多数育儿账号最大的区别就是，能够传递实际有用、且不是套话的方法。所以，你在进行这类短视频内容创作时，也应该注意答案的实用性。只有你给的答案切实好用，拉升了观众的认知，观众才会感兴趣，进而持续关注。同时，这类短视频内容，还应符合列清单式的撰写形式。首先，在短视频开头抛出了话题和场景，即家长遇到老师不知道说什么，一般都会问我们家孩子在学校表现得怎么样；其次，通过一句话带出答案：建议大家换种方法问；最后，列清单总结，这种撰写内容形式，最大的好处就是，可以让观众不假思索地直接吸收到你想要传递的内容，而且整个短视频的内容形式也比较清晰、完整。不妨在日后的短视频内容创作中，应用起来吧。

Tips

进行知识输出类内容创作时，一定要传递切实有效的知识，这样才能真正起到降维科普的作用，进而让观众接收到更多有用、有效的信息。

8.5　拆解育儿类大 V 们都是如何兴起的

在短视频平台上，你经常可以看到很多萌娃类短视频账号。它们的操作方式似乎很简单，只是记录一下孩子的成长、生活，就能收获不少粉丝的关注。但是轮到自己操作就非常困难，播放量寥寥无几。那么，到底萌娃类、育儿类短视频大 V 们都做对了哪些呢？本节就为你详细分析这个问题。

8.5.1　定位拆解

一般来说，育儿类短视频账号的定位分为以下几种。

主题设定。给孩子设定一个主题，孩子就在这个主题框架内进行演绎。比如，@ 名侦探步美就是设定了侦探这一主题。每一期都完美展示了孩子超强的洞察力、逻辑推理能力以及宽广的知识面。

自然真实类。就是完美呈现孩子的日常生活状态以及性格特征，让孩子任其发展，久而久之，孩子就形成了他独有的风格。例如，@ 暖宝笑呵呵就是从孩子零岁起开始记录成长瞬间。每天开心的、不开心的事情都进行记录，久而久之，孩子乐观、逗趣的风格就呈现出来了。

唯美类。主要是展示孩子长相特殊甜美，犹如画中走出来一般的漂亮。例如 @ 大 Q 宝，走的就是唯美路线，每一期都如同电视剧中的画面，清新、可爱、唯美。

才艺类。有些孩子拥有才艺，那么就可以以展示孩子的才艺作为账号的定位。就像 @ 小礼物、@ 宋小睿，这两个账号的几乎每一期短视频都在展现孩子动听的歌喉。

当然，针对孩子的短视频账号定位远不止这些。如果孩子没有什么特殊的爱好或才艺，那么就以真实记录孩子的日常生活为主。在长期的记录下，短视频账号的主线和定位便会逐渐清晰。因此，育儿类、萌娃类大 V 们只需真实记录孩子的生活以及或灵光一现、难忘的瞬间即可，不用刻意追求某种定位。

8.5.2　内容题材拆解

这类短视频内容创作主要以记录孩子的切实生活为主，其选材不尽相同。通过对同类短视频内容的观察，此类短视频的选材无外乎以下几个方面。

记录一日三餐。就是对孩子每日吃了什么进行记录。这样的短视频内容主要由妈妈之间的三餐讨论、营养搭配讨论衍生的。因此，创作这类短视频内容时一定要注意三餐膳食的合理及荤素营养搭配，而且在展示食物时也要注意将食物罗列清晰。其内容结构一般为开场白 + 早餐 + 午餐 + 晚餐 + 结束语。

记录生活里的逗趣瞬间。这样的短视频内容一般需要从日常生活中进行抓取，例如，孩子的哪个瞬间逗乐了你？孩子的哪个瞬间让你特别感动？都可以通过短视频的形式呈现出来。

记录孩子匪夷所思的行为。孩子的脑洞你永远想不通。那么不妨将孩子做过的匪夷所思的事情记录下来，也能起到激发观众阅读兴趣，进而形成讨论的作用。

记录孩子的特长和特点。有些孩子喜欢吃东西，有些孩子特别爱说话，有些孩子算数算的特别好，那么就可以强化孩子的这些特征，记录孩子独特的一面。同时，输出相关的育儿知识。例如，如何给爱吃的孩子准备吃不胖的膳食？如何让孩子爱上说话？如何开发孩子的数理思维？

对孩子进行吐槽。如果你录制的短视频的主角是非常小的孩子，在录制时，更多需要大人的讲解。就像跟孩子唠嗑一样，这时孩子的精力便会集中到大人身上，进而引导故事走向。

知识传递。针对孩子的反常行为、健康防护等事情进行讲解和阐述，将育儿相关知识传递给其他宝爸、宝妈，从而变身为家长们的小助手和智囊团。

8.5.3 内容拆解

案例一：

儿子： 爸爸，今天我上学吗？

爸爸： 今天呀，今天星期一正常得去上学。

儿子： 那我不就把感冒传染别的小朋友了吗？感冒传染给别的小朋友们，完事儿，别的小朋友的妈妈不是该心疼了吗？

爸爸： 哎呀！这孩子。你这意思是你感冒了就上不了学了呗，是不？

儿子： 嗯。

爸爸： 那你搁家歇一天吧！感冒好了再去上学。

儿子： 耶！

解析： 这是出自 @ 暖宝笑呵呵的短视频内容节选，还原了孩子不愿意上学想尽办法逃脱的场景。基本上这样的对话每个孩子都发生过，但作者将这样的生活场景记录下来，并将孩子最逗趣、最睿智的一面展现得淋漓尽致，进而让观众瞬间产生了好感。与之类似的短视频还有金句频出系列。例如，孩子尿裤子了，本来是一件让父母非常挠头的事情，因为还得给孩子换裤子。可孩子来了一句"来给生活比个耶！"瞬间逗乐了大人。类似这样的瞬间，都可以将它们拍摄成短视频并呈现出来，相信能够收获一众粉丝。

案例二：

以前年糕发烧时，刚看完病，我就带他去吃冰激凌了。其实，孩子发烧的时候啊，给他吃点儿冰啊，好处真的很多。这冰激凌吃下去啊，冰冰凉凉的，能缓解发烧带来的不舒服。冰激凌里边有牛奶、糖，正好可以给发烧、没胃口的孩子补充蛋白质、水分和能量。多吃点儿甜的，还能让孩子高兴一下。乱糟糟的心情也好了一半。如果你的孩子还太小，吃不了冰激凌，那么可以给他吃点儿冰牛奶、冰水、冰果汁，冰冰凉凉的会让生病的孩子舒服很多。

解析： 以上是来自 @ 年糕妈妈的短视频内容节选。可以将该短视频内容分成 3 部分。第一部分：以前年糕发烧时，刚看完病，我就带他去吃冰激凌了。这句话点明主题和态度。即孩子发烧时，可以吃冰激凌，而且支持他吃。 紧接着，利用了列清单式的方式讲述孩子吃冰激凌的好处。 而这些知识是针对大孩子的，如果孩子太小怎么办？话锋一转，提供了"吃冰牛奶、冰水、冰果汁"的替代方案。 到这里你会发现，列清单式可以不用数字1、2、3的方式给出答案。 也可以像年糕妈妈这样，先给出一部分答案，针对没覆盖到的人群再补充解决方案。

Tips

如果你创作的是萌娃类短视频，那么最好还原孩子本身的真实性。这样观众可以从中抓取到孩子的独特性，进而增加账号的辨识度和传播性。否则，就会给人一种虚伪感。

8.6 拆解@马克的饭爆火的秘密

关键词： 剑走偏锋、意外故事、亮出爆点

爆款详情： 265万粉丝、200万～1500万播放量

8.6.1 定位：剑走偏锋

这个账号剑走偏锋，以宠物狗为主角，记录了宠物狗的日常。 其实，在进行短视频内容创作时，没必要纠结在一个固定的思维模式中，即必须以人为主角。 可以放开大脑大胆想象，如以宠物为主角、以桌子椅子为主角、以食物为主角，通过配音、配乐、特效剪辑的方式，为它们进行赋能，树立它们的性格将这一切拟人化。 相信，一定会收获意想不到的效果。

8.6.2 标题：意外故事

短视频封面标题举例：

（1）我的狗子收小弟了。

（2）当你的狗子掉进马葫芦怎么办。

（3）傻狗竟然恋爱了。

解析： 这个账号的封面标题一般采用意外故事的形式，将所发生的故事和故事的结尾展现了出来，从而刺激观众产生好奇，进而思考"为什么狗狗会收小弟？狗狗是怎么收小弟的？"等一连串的疑问，并产生打开视频进行观看的兴趣。因此，在进行短视频内容创作时，封面标题也可以采用这种形式，即在标题中营造故事感，给观众无限的想象空间。一般情况下封面标题有这样几种形式。

展现故事的结果。 正如 @ 马克的饭这个短视频账号一样，"我的狗子收小弟了"就是故事的结果。但怎么收的？为什么收的？都没有展示在标题中，而是藏在短视频的内容中，因此可以激发观众的兴趣并打开视频进行观看。如果你遭遇了罕见或离奇的事情，那么就可以采用这种形式拟定短视频封面标题。例如，我的手机有老婆了，娃的饭被鸟叼走了，财务自由的梦想实现了等。

展现故事的过程。 就是将正在进行的故事展示出来，从而达到让观众好奇和保持关注的目的。例如，你被人跟踪，那么就可以以甩掉跟踪者、被神秘人追踪等为封面标题。这样观众看到后就会立刻有身临其境之感，从而打开进行观看。

晒出故事最离奇的地方。 如果你阐述的故事没有离奇的结果和过程，那么你不妨晒出故事中最离奇的元素，如抠门老板的巨额奖金。

8.6.3　内容：亮出爆点

案例：

我的狗子收小弟了，事情是这样的，这只狗子是我前几天从垃圾箱旁捡的，我给他起名叫小老弟。自从在我家……

解析： 上面的短视频脚本节选中，在开头即说明了事情的离奇结果，即狗子收小弟了。然后，通过倒叙的方式讲出了事情的原委。在进行短视频内容创作时，也可以采用这样的方式，先将离奇结果阐述出来，然后采用倒叙的方式铺开讲述。

Tips

> 意外故事的标题设置方式，就是要先展现故事的结果，然后将整个
> 故事的过程剖析出来，晒出最离奇的地方。而亮出爆点的撰写方
> 式，就是要将事情最精彩的部分在视频开头进行呈现，从而展示事
> 情的离奇结果。

8.7　拆解@光头强老师爆火的秘密

关键词： 就地取材、急速转折

爆款详情： 142 万粉丝、25 万～3000 万播放量

8.7.1　定位：将擅长的事情做到极致

@ 光头强老师是一位爆红网络的物理老师账号，这个账号完美诠释了什么叫将擅长的事情做到极致。这位老师不仅是物理老师，还能够从生活中摸索并领悟出深刻的道理。因此，他巧妙地将这两个元素相结合，做出了多个爆款短视频。因此，在日后对自己的短视频账号进行定位时，也可以采用这种方式，将最擅长的两件事情结合起来进行短视频内容创作。例如，舞蹈与摄像、美食与绘画等，大胆发散自己的思维进行想象吧！

8.7.2　标题：就地取材

这个账号没有特殊的途径选取素材，而是根据自身所处环境，选择在班级里发生的事情进行录制，一切道具都是取材于教室。例如，上课用的杯子、各种试管、班级里的水桶等。就地取材、亲身实验、现场讲解，给人以真实感、亲切感。因此，日后在进行短视频内容创作时，也可以选择就地取材。这样，更能拉近彼此之间的距离。

8.7.3　内容：急速转折

案例：

老师： 这是什么？

学生： 淀粉和水。

老师： 来，你用拳头打一打。

学生： 这么硬。

老师： 把手轻轻地放进去会发现什么？

学生： 手陷进去了。

老师： 什么原理呢？

学生： 淀粉加水后遇到大的冲击像固体，遇到轻微的力像液体。这种现象被称为非牛顿流体。

老师： 实际上我们还应该明白一个道理，在学习的道路上越有压力，你越要坚强。

解析： 这是从该账号中节选的短视频片段，这条文案就完美地用到了"急速转折"的技巧。在短视频的前半段，这位物理老师是在考核学生对非牛顿流体的认知。而在短视频的最后，突然转折到了生活道理上。这种出其不意的反差给人耳目一新的感觉。在日后的短视频内容创作中就可以沿用这种"急速转折"的思路，对自己的短视频内容进行调整，以达到让人眼前一亮的目的。例如，前面聊美食，后面转折到聊生活感悟、爱情感悟上等。

Tips

在进行短视频内容创作时，需要拉近彼此之间的距离。采用就地取材的方法，将周围的事物利用起来进行讲解，从而给人一种原生态的感觉。

8.8 拆解@樊登读书爆火的秘密

关键词： 将擅长的事情做到极致、知识输出、降维科普

爆款详情： 528.9 万粉丝、5 万～100 万播放量、矩阵化

8.8.1 定位：将擅长的事情做到极致

樊登的定位完美诠释了什么叫将擅长的事情做到极致。他不仅讲解阅读、推荐书籍，还将书中的知识还原于生活，解决在生活中遇到的实际问题。这样会让观众觉得：我看完你的短视频内容，不但可以了解到知识，而且能够解决生活中实际遇到的问题，进而持续关注。因此，在日后的短视频内容创作时，不妨也思考一下，到底你输出的内容在实际生活和工作中如何应用，进而进行内容规划，相信你也会拥有大批粉丝。

8.8.2 标题：知识输出

如果你仔细阅读@樊登读书这个账号的内容标题，就会发现每条短视频阐述的都是一个个具体的问题。例如，老公爱我的方式很理智，怎么办？职场低谷期该干什么？超越自卑最有效的方法是什么？每一个封面标题都是你生活里实际能够遇到的问题，这样撰写出来的封面标题更加接地气，观众能够一目了然地了解到，这条短视频内容能够给自己的实际生活带来怎样的帮助，从而保持持续关注。值得注意的是，这样的标题需要：①阐述观众正在具体面临的问题；②阐述真实影响观众生活和工作的问题。这个问题一定要具体，最好观众一看就能还原出当时的场景。这样才能激发出观众的观看欲望。

8.8.3 内容：降维科普

案例：

有一个人找老板要加薪，说："我都干了 10 年了，我有 10 年工作经验，你为什么不给我加薪？那个人才来两年，你就给他加薪。为什么？"老板说："你不是有 10 年工作经验，而是只有半年工作经验，你用了 10 年才掌握

了半年工作经验。所以，如果你不去发现新东西，你就是重复地使用过去的那些工作经验。用了十几年，那时你会发现学习是最快的捷径，不学习你就只会原地打转。"

解析： 从上面的短视频内容节选中可以看出，其内容结构为：说出现象→抛出观点→给出方法。而这里的"抛出观点"，创作者并没有使用自己的观点和口吻，而是借用了"老板之口"，从老板的口中说出了观点，即你只是半年工作经验用了 10 年而已。当在进行知识输出类内容创作时，不妨也使用这种内容结构。首先，说出让大众觉得痛苦的现象，例如，孩子上学总迟到，家长催也不听；其次，抛出观点：孩子不是自律上学，而是看你的疯狂程度上学；最后，给出方法：不要过分关注，让孩子对自己的行为负责。

Tips

在撰写降维科普类短视频内容时，一定要注意阐述清楚观众正在面临的具体问题，同时从真实影响观众生活和工作的问题着手，尽可能地将问题具象化。这样观众在观看后才会有一种"这正是我所经历的"感觉，进而选择关注你。

8.9　拆解@栗子美妆铺爆火的秘密

关键词： 特点混搭、意外故事、亮出爆点、急速转折

爆款详情： 282.4 万粉丝、277 万～1000 万播放量

8.9.1　定位：特点混搭

打开这个账号会一目了然地发现，这个账号的主角运用了"特点混搭"的技巧。她的定位为美妆店老板、喜欢打抱不平、美女等多个标签，这种标签让原本单一的身份，瞬间活脱了起来。因此，在进行短视频内容创作时，也一定要多为自己增加标签。例如，爱读书、美女老板、高知等。这样随着标签的增多，你的短视频人设就会更加有血有肉。

8.9.2 标题：意外故事

短视频封面标题举例：

（1）绿茶青年？

（2）如此敷衍？

（3）这……这是什么新语言？

（4）突如其来的表白？

这个账号下的短视频封面标题的特点是简短有力，而且暗藏故事。它把所有故事全部隐藏在标题中，让人观看后禁不住想：接下来会发生什么事情？从而打开视频进行观看。因此，在进行短视频内容创作时，不妨也利用这一点，即将故事中最具悬念和亮点的地方展示在标题中，从而营造故事感。例如，你今天遇到了一个小姑娘浑身是红色油漆，标题就可以写为：满身油漆的小姑娘？谁泼了小姑娘一身油漆？总之，你的封面标题要让人能够感知事情并不简单，背后肯定有故事，就可以啦。

8.9.3 内容：亮出爆点+急速转折

案例：

男生1：做我女朋友吧？

女生1：大哥，我有男朋友。

男生1：不是，不是，我刚刚碰见我前女友了。拜托、拜托。

女生1：不行，不行，我可是个有原则的人。

男生1：你这店我包了，再加这些。

女生1：成交。

……

男生1：嗨，这么巧？

女生2：我在这儿等人，这是你女朋友吗？真好看！

女生1：我……

男生1：东西翻倍。

女生 1：我是。

男生 1：那你呢？现在有新男朋友了吗？

女生 2：我……

男生 2：亲爱的。

女生 2：这是我男朋友，全国有一百多家分公司。我先走了。

女生 1：等等，你确定？这是我男朋友。尊严重要还是爱情重要，你们自己选吧。

解析：通过上面的短视频内容节选可以看出，这条短视频运用了"亮出爆点 + 急速转折"相结合的技巧。在短视频开头，一个男的突然跑过来，要求女生 1 做他女朋友。瞬间激发观众的好奇心，给了观众继续观看下去的理由。当观众以为事情就此结束，只是一对已经分手了的男女炫耀时，突然画风一转，女生 1 拆穿了二人的谎言，抛出主题：尊严重要还是爱情重要，你们自己选吧！瞬间摆明了立场，把观众的情绪推向了高潮。在短视频内容创作中，也可以采用这种方法，在短视频开头亮出爆点，然后烘托情绪，最后在结尾处扭转画风，表明立场。这样能够激发出观众强烈的情绪。

Tips

在进行短视频内容创作时，如果想让主角人设更加丰满，可以选择不断增加人设标签的方式，这样会让角色更加具象、更加有血有肉。

短视频变现的方法

在进行短视频内容创作，积攒了一定数量的粉丝后，接下来就涉及变现的问题。那么，企业和个人在短视频平台又该如何变现呢？什么样的变现手段不会引起粉丝反感呢？本章将针对这一问题进行详细探讨。

9.1 利用矩阵轻松获客

如果你的企业属于文化类或教育类这种交易决策周期比较长或非刚需的行业，则可以采用建立短视频矩阵的方式，即先将公司的氛围、产品的使用情况、对生活的好处等透露给观众，在建立信任、获得线索后，再通过电话或微信的形式，与客户进行沟通，进而促成成交，因此，这种形式的变现流程大致如下。

个人： 孵化短视频账号（等粉丝和播放量达到一定量级后）→开通直播→获取姓名＋电话→线下客服一对一电话沟通。

企业： 建立企业短视频账号矩阵→进行企业认证→获取客户预留信息（姓名＋电话）→线下客服一对一电话沟通。

9.1.1 搭建矩阵的常见方法

孵化式。 孵化式，就是以公司为核心，孵化出若干个主播账号。每个主播账号都以该账号主播为核心策划和拟定售卖的产品与短视频作品风格，每个主播都是主角和独立的个体。这种孵化形式，外人一般很难看出公司的整个短视频矩阵链条。孵化式抗风险性比较强，主播与主播之间的互动也相对轻松很多。 如果 A 主播违规，一般来说平台和粉丝也不会迁怒于 B 主播。

师徒式。 这种形式一般都是以一个千万级大主播为核心，通过师徒制的方式孵化若干个小主播，从而形成一支家庭式的团队。 这样的团队一般都是以大主播为灵魂人物，通过情感、正能量等文化进行联结。 这种形式的好处在于，一旦建立师徒制信任关系，只要小主播有一些才艺，那么家族里的粉丝就会快速对其产生关注和偏爱。 孵化小主播的速度相对来说，会快一些。但劣势就是家族粉丝过多反而对主播个人的忠诚度不高。 小主播一旦离开团队，很可能会面临粉丝急剧下降的问题。

复制式。 这种形式类似于孵化式，都是以公司为核心孵化出若干个账号。 但不同的是，在复制式的主播矩阵中，主播个人的个性特征相对较弱。从日常短视频作品到日常直播再到卖货流程，都有一整套完整的环节和孵化体系，主播只需根据公司要求的事情，一板一眼地执行就可以了。

互补式。 这种形式一般存在于朋友之间，简而言之，就是一群售卖不同商品的主播汇聚到了一起，形成了互补联盟。 例如，这个主播总讲关于家庭教育的内容，他直播时卖的是网课，如果你的账号内发布的是文具，直播时售卖文具，就可以与之形成互补，向观众进行组团售卖，从而达到"抱团取暖"的效果。 这不仅方便了观众，更增加了商品的丰富性以及专业度。

9.1.2　搭建矩阵时应注意的问题

注意平台红线。 有些平台对账号内容及其售卖的商品有着严格的规定和门槛。 因此，在决定通过短视频矩阵的方式进行短视频内容创作、变现时，一定要注意阅读平台的规则、规范，从而在日后实际操作中注意避免触犯规则。

避免炒作。 短视频矩阵中的各个主播都要基于一个主题、一种才艺或一款游戏，千万不要创作剧本，故意制造矛盾冲突。 这不仅是平台极力反对的，也是观众不乐于看到的。

Tips

可以采用孵化式、师徒式、复制式和互补式的方法搭建短视频矩阵，围绕传递统一的价值观，进而让观众更好地了解自己和记住自己。

9.2　上架付费课程让知识变现

当长期针对某一领域进行内容输出，并且具备一定粉丝数量后，可以考虑上架付费课程。这样当观众对你短视频中陈述的内容产生兴趣并且渴望更细致地学习时，就会选择购买付费课程。到这里，可能有人会问：我该怎样上架付费课程？针对这一问题，本节将进行详细讲解。

9.2.1　付费课程该如何上架

当粉丝数量大于 800 人以后，只要通过官方的实名认证，即可在付费内容栏目下，自主创建属于自己的付费课程。到这里一定有人会问：付费课程的形式是什么？课程内容又该如何编写呢？在这里，教给大家一个思路。

（1）从既往短视频内容中提炼出一个主题。

解析：这一点就是给你既往发布的短视频内容设置一个主题。如果你以前发布的内容和文案创作有关，那么你的主题就可以叫作手把手教你写文案。以此类推。

（2）汇总所发布的短视频内容，思考还有哪些内容可以更深入地探讨和讲解。

解析：你需要以观众或零基础的身份，重新审视你的内容，从而判断你以往讲述的内容有哪些没有说清楚？哪些需要增加更多内容观众才能看懂？将这些问题罗列并记录下来。

（3）将你思考的内容按照章节进行分类。

解析：罗列好上述内容后，你就可以根据章节、单元，将你罗列好的内容进行归类。这一步，也就是你付费课程的框架雏形。例如，你记录了标题的撰写模板、爆款标题的案例拆解、标题的梳理步骤这三大块内容，这些内容都是与标题相关，那么它们就都可以归类为标题这个章节中。一般情况下，撰写标题时需要先梳理思路，再套用模板，最后参考爆款标题进行撰写，因此可以把"标题的梳理步骤"放在第一节，"标题的撰写模板"放在第二节，"爆款标题的案例拆解"放在第三节。这样一个付费课程的内容框架就被轻松地梳理出来了。

（4）撰写每章逐字稿。

解析： 撰写完大纲后并没有结束，还需要撰写更加详细的逐字稿，这样才能够避免在真正录制课程时出现无话可说的现象。那么，如何撰写逐字稿呢？这个需要根据实际的课程内容进行调整。

（5）录制课程视频。

解析： 撰写完逐字稿，接下来就需要正式录制课程了。课程录制一般分为两种方式：第一种，不露出真人，只使用 PPT+ 语音的形式；第二种，真人出镜 +PPT 演示讲解。这两种各有利弊。如果你的天资比较好，长相比较甜美或帅气，那么采用第二种就能够快速拉近与观众之间的距离并成功圈粉。如果你对自己的相貌没有太大信心，那么可以选择第一种方式。

9.2.2　上架付费课程应该注意哪些

价格拉开梯度。 课程最好设置成类似于 9.9 元、59.9 元、199 元 3 档。这样能够清晰地知道你的观众的消费水平，从而更有针对性地调整付费课程的内容。如果课程设置的价格过高或过低，都无法快速检测出观众的消费水平和认知水平。

课程要有衔接性。 你设置的付费课程，知识的难度或深奥程度一定要高于平时的短视频内容。同时，如果你的短视频课程有价格梯度区分，而且是多套课程，那么，每套课程对于知识的讲解一定要拉开梯度，层层递进，这样观众才会有一种学习的进阶感。

注意结果交付。 上课的目的是学到真本事。因此，在每节课结束以及每套课程结束时，一定要设定一个小练习和小作业。这样，观众在上完课之后就会清楚地知道自己从课程中得到了什么，从而，建立起对课程的认可并持续进行学习。

课程内容不宜过难。 付费课程本质上是一个自学课程，你需要考虑到观众的理解能力。因此，付费课程的内容不宜过难，将深奥的专业术语通过最简单的大白话翻译出来。这样，才能起到真正将知识传递给观众的作用。

客服和互动。 在课程上架后，并非完事大吉，你还需要通过建立交流群＋直播的方式帮助观众针对视频中讲解的问题进行深入阐述和讲解。这样，观众才会感知你的用心，接收到更多增值服务，从而选择长期追随和付费购课。

在上架付费课程时，一定要注意将价格拉开梯度，课程之间要具备
衔接性。同时，设置好作业和课程节奏，给观众以连贯感的同时也
能够让观众清楚地了解到自己本节课到底得到了什么。

9.3　作品带上"购物车"随拍随卖

　　如果你的短视频账号开通并发布了一段时间的内容后，粉丝量相对来说
又比较多，这时，就可以考虑利用这个账号适当卖货。到这里，可能有人会
问："我既不想压货，又不想进行直播，该如何利用我这个短视频账号进行
卖货呢？"本节就针对这一问题为你进行详细讲解。

9.3.1　该如何利用"购物车"进行卖货

　　你仅需上传身份证，开通实名认证，缴纳店铺保证金，就可以进行卖
货。如果不想在手里压货，你也可以选择售卖快手官方渠道中推荐的商品。
当然，如果不想开直播卖货也是可以的。你仅需在上传作品的同时关联下你
已经选择好的商品即可。

9.3.2　在利用"购物车"卖货时应该注意哪些

　　关联的产品要与作品有关联性。在售卖商品时需要考虑到观众的接受程
度，因此这就需要你在选择商品时，尽可能多地选择一些与既往作品有关的
东西进行售卖。例如，如果你拍摄的内容是日常生活，那么就可以售卖一些
食品以及家居生活能用到的小神器等。如果你拍摄的内容是宠物，那么就可
以找一些与宠物相关的商品，比如，猫粮、狗粮、宠物零食、玩具等进行售
卖。千万不要拍摄的是孩子的学习生活，而售卖的却是建材、家具，这样会
给你的观众一种突兀感。

客单价要与你的观众消费水平相匹配。 在选择商品时还需要考虑客单价的问题，如果你的作品是关于中小学家庭教育的内容，那么吸引的一定是家长和学生，这些家长需要照顾上学的孩子，因此家里的经济肯定要倾斜给孩子，甚至有些家庭的经济就此进入了危机。这时，一定要选择一些100~200元的商品，这样才能降低大家的试错风险，也能让观众觉得经济实惠，从而进行购买。

选择口碑较好的商品。 如果你售卖的商品是从官方渠道中选取的，那么就一定要选择一些口碑比较好、排名比较靠前的商品。这样，在售卖的过程中就会减少一定的纠纷。如果商品质量真出现问题时，也要承担一定的责任，帮助粉丝进行维权。

> Tips
>
> 上架"购物车"之后，一定要注意关联的产品要与作品有相关性。同时，还要注意客单价要与你的观众消费水平相匹配。同时，选择口碑较好的商品，观众才能真正对你有信任感，从而促成更好的业绩收入。

9.4　添加平台广告按流量分钱

如果你不想售卖商品，那么也可以通过录制短视频进行赚钱。你的粉丝量越大、短视频内容播放量越大，获得的佣金也会越多。到这里，你一定会问，那我该怎么操作？本节就针对这一问题为你进行详细讲解。

9.4.1　该如何通过录制短视频进行赚钱

首先，你需要找到一条属于自己的赛道。简而言之，就是你要找到自己拍摄什么样的内容，才会受短视频平台欢迎，能为你进行大规模的推广和曝光。到这里，一定有人会问：我看别人拍宠物播放量大我可以拍吗？我看别人拍孩子吃饭、成长趣事播放量大，我可以拍吗？其实答案是：不一定。究竟拍摄什么样的内容可以上热门，得到平台的更多推荐？这个只能靠自己逐步尝试。 当然，这个尝试也不是漫无目的的，你需要注意以下几个细节：①画面清晰；②主人公性格特征鲜明；③对观众有用（搞笑或有知识输出）；④单个短视频作品故事完整。

其次，在发布短视频时选择关联广告即可。 这样，就能够在拍摄作品保持最大曝光的同时，通过平台广告流量分成。 当然，这是一种随机的广告投放与分成的模式。 一般来说，流量和获得的佣金并不受到你的控制。 这时，好作品才是关键。

9.4.2 在通过平台广告赚取佣金时应该注意什么

创作好的作品。 由于短视频平台的分成模式一般依赖于短视频作品本身的播放量，这时持续创作出优质作品，确保你的短视频内容持续被官方推荐则尤为重要。 因此，在发布每期作品前都一定要思考清楚爆点（即高潮部分）在哪里？有没有可传播性？

遵守平台规定。 虽然广告是平台官方允许关联的，但也要看清楚平台的规定。 一定要多去平台的后台管理中心，去查看平台近期给你发送的私信和新出台的公告。 不要触及红线或违规，那样会极大地降低你账号的热度和权重，从而降低你的广告分成收入。

不要每期都关联。 毕竟，选择通过平台广告赚取佣金的方式，也是在作品下关联广告。 这时，我们还要留意观察账号的粉丝量、单个作品的播放量等相关数据。 一旦数据下降，则需要暂停关联，并且潜心研究短视频内容本身。 这样，才不会让观众对你产生反感。

> **Tips**
>
> 通过平台广告赚取佣金时，一定要注意创作好的作品。同时，也一定要遵守平台规定，根据平台规则适时地调整运营策略。

9.5　关联线索任务和推广任务

当短视频账号粉丝量达到一定数量级时，都会考虑到如何利用账号带动地方经济、售卖产品的问题。都说直播间挂"购物车"、挂"铃铛"等比较赚钱，那么具体又该如何操作呢？在操作中，又该注意哪些问题呢？那么，本节就针对这一系列问题进行详细的探讨。

9.5.1　线索任务和推广任务是什么

线索任务。即在进行直播时你想要获取多少客户。对于一些教育培训和服务类的公司而言，其用户决策周期比较长，需要反复思考、对比才能做出购买的决定。这时，并不能在直播时马上促成成交。因此，直播的目标就变成了"获取意向客户"（即姓名＋电话）。发布线索任务，就相当于让客户进行预报名。从而在直播后，与客户再进行进一步沟通，促成真正的成交。

推广任务。可以理解为在直播时直接售卖商品，即主播在直播时直接介绍商品，引导观众下单进行购买即可。一般情况下，在直播时上架推广任务的主播，都会拥有稳定的货源、超低的价格，相对来说售卖的商品性价比要比较高。这样，才能促成更多成交。

9.5.2　在进行线索任务和推广任务时应该注意什么

价格不宜过高。要知道短视频平台是依靠粉丝之间的信任关系而促成的成交，而且大众的购物习惯依旧是线下购买。因此，在进行直播间售卖时，客单价一定不要设置得太高。这样，才能降低观众的试错成本，从而提升销量。

现场展示。直播带货最重要的就是氛围和真实性。因此，为了能够让观众对你的产品产生更直观的认知，在这里需要在直播时现场演示你售卖的商品。如果你售卖的是食品，那么就需要现场吃一吃、尝一尝。这样，观众在你的带动下才能下单。

注意品控。在直播间售卖的商品，一定要注意商品的品控问题。最好选择那些从商品制作、包装，再到物流运输全部都由你把控和参观的厂家进行合作。这样，才能确保你的账号的声誉。否则，就会造成商品已经售卖，你和粉丝们求助无门的现象出现。最终，为了挽回声誉只能自行承担赔偿费用。

互动及时。直播间售卖的核心是向观众解释清楚商品的细节，从而打消观众心中的疑惑，进而促成成交。这时，在直播间与观众的互动就要做到及时、准确、有效。最好是在观众发出问题的第一时间就给予回答。这样，观众才能拥有被尊重感，同时也打消了心中的疑惑，随即下单。如果回复的速度较慢，那么就会造成观众遗忘下单，甚至是观众有被冷落感，从而产生逆反情绪。这样，就在无形之中损失了一个订单。

留下客服。目前来讲，直播带货是一个相对较为新兴的购物形式。很多观众在下单后，并不知道如何与客服进行沟通。此时，就需要留下微信客服或小店客服的联系方式，便于观众第一时间解决自己面临的问题。否则，就会造成客户维权无门的情况，进而造成负面传播。

引导好评。在直播时售卖商品最关键的就是信誉，而小店的信誉又是重中之重。如果小店信誉度高，那么新进入直播间的观众就会在无形中对你产生好感，有时就会因为信誉度而尝试下单。如果小店信誉度低，那么就会给观众造成疑惑：这人卖的东西行不行？从而在犹豫中不敢下单。而小店的信誉度，有时是提醒得来的。其实很多观众在购买和使用完产品后，感觉挺好的但迟迟想不起来好评，经你提醒后，观众自然就会给予好评，从而提升你的小店信誉。如果不提醒，那么这些好评数据就会白白流失了。

> **Tips**
>
> 在发布线索任务和推广任务时，一定要注意价格不宜过高，同时还要在直播中进行现场展示和产品的把控，留下客服联系方式、呼吁提交好评。这样，才能给观众带来一种绝佳的体验感。

9.6 直播打赏

如果你正值青春年华、长相姣好，而且拥有较好的唱歌、舞蹈等才艺，那么你可以选择通过才艺展示吸引观众，通过让观众为你在直播间献上礼物的方式赚钱。那么，这一方法具体应该怎么做呢？本节就针对这一问题进行详细的探讨。

9.6.1 什么是直播打赏

直播打赏就是在主播进行直播时，观众因为主播艺术表演的美，或者被直播间情绪的拉动从而对主播进行献上直播间礼物的行为。直播打赏有以下几种不同的形式。

送礼物。这个比较常见，在直播间的右下角，观众能看到一个类似于礼箱的图标。如果喜欢这个主播，或者喜欢这个主播正在演绎的内容，可以自发打赏。这种打赏可能是几根"棒棒糖"、一支"穿云箭"或一艘"轮船"等，这样的打赏一般视观众的心情而定。主播可以从观众送给自己的小礼物中获得分成。

送红包。这样的形式一般出现在人气比较高的直播间。在主播表演时，观众会随机在直播间发送数额不等的红包，为主播的直播拉人气，回馈正在收看直播的其他观众。当然，这样的红包其他观众也可以来抢，主要就是活跃气氛。

连麦 PK。这也是一种比较常见的索要礼物的方式，往往是两个直播之间进行才艺比拼。在比拼前，定好输赢的奖励和惩罚。这时，有些支持主播的观众就会按捺不住，不忍自己支持的主播输掉受到惩罚，从而不断地送上礼物。而所送礼物的多少，往往都是随着对方直播间礼物多少而定的。因此，也有连麦 PK 就是在 PK 两个主播背后财团的说法。而直播，也可以从连麦 PK 获得的礼物中，获得佣金分成。

参与活动。很多短视频平台为了犒劳自己平台的主播，都会设定年度盛典。而其中的名次就是由主播收获的票数决定的。而这个票数，除了每位观众每天手里的 1 张免费票，观众还可以通过花钱进行购买。这时，若想要支持自己喜欢的主播登上年度盛典的领奖台，观众就需要不断地购买支持票送给主播，从而达到主播既获得礼物佣金分成又能登上领奖台的目的。

9.6.2　索要直播打赏时应该注意什么

避免低俗炒作。 一般情况下无论哪种方式的直播间打赏都需要主播在表演之余自行索要，这时一定要避免低俗炒作和谩骂。尤其是连麦 PK，千万不要因为 PK 的势头激烈而演变成谩骂，也不要为了要礼物而去找贫困人员、孩子进行低俗炒作，这是平台不允许的。

核实粉丝身份。 作为主播，如果发现有人长期、持续，且每次都送上不菲的礼物，这时，千万不要被喜悦冲昏头脑，一定要找机会核实粉丝的真实身份，确认是不是未成年人以及粉丝金钱的来路。这样，才能避免你陷入一些不必要的纠纷中。

才艺真实性。 很多主播并不专注于精进自己的才艺，而只是依靠网络技术，这一点是非常可怕的。无论到什么时候，依靠声卡、美颜等手段塑造出来的你永远不是真实的你。一定要持续精进自己的真实才艺，这样才能在飞速发展的互联网时代中，走到大众面前，实现更高水平的突破。

持续的价值输出。 如果想要长期且持续地通过直播打赏获取佣金，那么就一定要在直播的过程中输出一些对观众有价值的内容。例如，展示独特的才艺，让观众得到艺术熏陶；展示搞笑天赋，让观众能够哈哈一笑；传递某方面专业知识，让观众能够在观看之余学习到实际的技能和知识。这些都将是你赖以生存的财富，也是观众能够持续观看的理由。

Tips

直播打赏时，一定要避免低俗炒作。同时，核实粉丝身份。在直播时，要真实地展现才艺，并保持持续的价值输出。这样，你的直播内容才能被观众记住并保持持续的粉丝增长。

9.7　为品牌方"打Call"

当你的短视频账号达到了一定数量级的粉丝，而且每次直播时人数都在 5000～10000 时，这时就会有很多品牌方私信你，渴望通过直播帮助其进行商品的售卖。这时，又该如何操作呢？本节就针对这一问题进行详细阐述。

9.7.1 如何与品牌方合作

一般情况下，这样的品牌方都是主动寻求合作的。这时，只需表达出自己想合作或不想合作的意愿就可以了。一般情况下，合作方式有以下几种。

坑位费 + 销售佣金分成。这是目前采用较多的一种合作方式，好处在于可以帮助主播快速赚到一部分保底的费用。而随着商品售出的数量越多，得到的分成也就自然越来越多。而主播为了营造直播间的气氛，一般情况下也会使用坑位费中的一部分作为直播间推广费用，吸引更多人进入直播间。这样，就增加了商品被购买的概率。对于直播和品牌方来讲，是一件互惠互利、共赢的事情。

销售佣金分成。简而言之，这种合作方式就是按照你给品牌方销售多少商品，然后从中抽成的方式进行合作。这种合作方式没有保底费用，对于主播来讲风险非常大，非常考验主播在直播间的变现能力。但对于品牌方来讲，风险就相对较小了。如果选择这种合作方式，就一定要平衡好商品质量、商家信誉度以及企业资质等。

按次收费。这是一种相对来说比较柔和的合作方式，简而言之，就是品牌方按次支付主播一定的费用。主播在直播时，向观众推荐商品。不管卖出多少商品，与主播没有关系，都是需要品牌方自行承担。当然，如果产品卖爆，品牌方赚到也是不会再支付给主播任何提成和佣金的。

9.7.2 在合作时应注意哪些问题

查看品牌方资质。一旦你在直播间售卖了品牌方的商品，就相当于你为品牌方进行了信任背书。很多观众是因为首先信任你这个人，才会进行购买。因此，在合作前一定要查看好品牌方的各种资质。这不仅是对观众负责，也是对你和品牌方合作的一个基本保障。

查看既往合作案例。一般来说，品牌方寻找合作的主播一定不止一两个，因此在合作前最好索要一下既往合作案例。这样，不仅有助于你在直播间推荐品牌方的商品（有了既往合作案例，就可以去已合作的直播间进行考察，从而借鉴销售方法和推荐的话术等），也有助于你预测该商品的销量情况和调整自身直播间的氛围。

到店考察实际生产、储备情况。 除了资质和合作案例，为了表达所售商品的质量很好，可以在售卖前去生产厂家实地考察。然后将整个生产过程、打包封装过程全部暴露于镜头之下，这样更能增加观众的信任感。与此同时，为了防止爆单的情况出现，也需要针对货品的储备情况进行提前沟通和考察，以确保销售完毕后，观众能够在第一时间接收到商品。

去其他平台进行价格对比。 要知道直播销售最主要的就是性价比，光凭品牌方说自己的商品性价比高难免说服力不足。因此，在销售前一定要去其他平台进行调研，查看品牌方给到你的价格是不是最优惠的，如果是，那么也可以在直播时跟观众告知一下，以确保粉丝以最低价格获得最好的商品。

与品牌方保持两种及以上的沟通方式。 虽然在进行直播售卖前，已经做出了万全的准备，但难免还是会发生这样或那样让人意想不到的事情。这时，如果你有品牌方两种或两种以上的沟通方式，就可以第一时间找到相关负责人予以解决，也能在最快的时间段内掌握事情的主动权。

Tips

与品牌方进行合作时，一定要查看品牌方资质、查看既往合作案例，甚至到店考察实际生产、储备情况也是可取的。再去其他平台进行价格对比，最后与品牌方保持两种及以上的沟通方式，这样才能够真正找到观众需要的、对观众负责的好商品。

短视频内容创作中的常见问题

在短视频内容创作中，很多人都经常会遇到各种复杂的问题，这些问题让我们摸不着头脑，还不知道去哪儿寻找答案。接下来将汇总一些在短视频内容创作时遇到的常见问题，希望能够给你一些启发。

Q：短视频账号必须绑定手机号吗？

A：是的。如果没有绑定手机号，则账号内部分功能可能不能使用。由于短视频账号1个账号必须绑定1个手机号，且单个手机号不可以重复的限制，建议在注册账号后，先尝试进行短视频内容创作与发布。待账号的粉丝量、作品播放量达到一定数量后，再绑定手机号。这样，就能巧妙化解手机号紧缺账号却不热的现象出现。

Q：每日给其他人点赞、转发，能确保我的账号质量提高吗？算是给自己养号吗？

A：不算。你可以仔细地思考下，给其他人的账号点击关注、点赞、转发作品，那都是在提高其他人账号的播放、互动等相关数据，怎么可能算是提高你的账号质量呢？只有你的账号内发布了作品，然后别人给你的账号提高了播放量、互动量，才算能提高你的短视频账号质量。此外，如果作品足够好，一般不需要养号。作品发布后，如果平台上的观众喜欢，就会自发打开你的短视频作品，自发地为你的账号点赞、评论，这样你的短视频就能够被推到更大流量池中，当有更多人观看、评论、点赞你的短视频时，你的账号就有可能被推向热门。切记，单纯给别人的账号点赞、关注、转发，是无法提高你的账号质量的。所以，还是应该从内容入手，做好自己的短视频账号内容创作才是最主要的事。

Q：需要给自己的短视频账号购买播放量、点赞量、互动量吗？

A：不需要，而且平台也不允许。现在任何一种短视频内容平台都抵制花钱为自己的短视频账号购买播放量、点赞量、互动量的这一行为。如果发现，还会给你的短视频账号降低权重、限流等。如果发布完短视频作品后，你还是想让自己的短视频作品的播放量、互动量高一些，则可以选择平台上的作品推广功能，测试你的短视频作品是否吸引人，从而提升播放量、点赞量和互动量。

Q：我的短视频账号发布完作品后，播放量和互动量都非常少，是被官方降权了吗？

A：不一定。几乎是 99% 的短视频账号，在账号注册后内容发布的初期，都没有什么播放量和互动量，这时正是我们对账号进行定位、测试的机会。如果你的作品，确实是观众感兴趣的，那么相信不久，播放量和互动量一定都会有所增长的。如果发布了 50～100 期，数据还是没有增长，而且作品推广后也无效果，那么你就需要根据本书讲述的技巧对短视频内容进行优化。如果实在不放心，你也可以拨打平台官方客服进行咨询。不过，一般情况下，数据低都与短视频内容本身息息相关。如果你的账号没做过什么违规的事情，一般情况下是不会给你的账号降权的。

Q：如何为自己的短视频账号打造 IP？

A：打造 IP，即是发现自我与寻找差异的过程。你可以采用本书第 1 章中的方法，为自己的短视频账号打造 IP。在这里也教给你一个比较简单的方法，即添加形容词。形容词添加得越多，也就意味着你的短视频账号定位越来越清晰。例如，如果你想要做一个美食类的短视频账号，那么刚开始，你可能只是添加"好吃的""好看的""有温度的"这 3 个形容词。后来你还可以慢慢增设"小姐姐教学的""中国风的""大山深处的"等这些形容词。这样，你的账号定位就会越来越清晰，越来越精准。

Q：进行短视频内容创作必须具备非常好的设备吗？

A：如果你不进行直播，不准备通过短视频平台赚大钱或批量制作短视频账号开公司的话，就完全不需要多么好的设备。用微单相机或普通的智能手机拍出的短视频，稍加剪辑，就能够制作出特别唯美的短视频内容。因此，根本没必要花大价钱用在设备方面。反之，你更应该关注短视频内容创作本身。 这才是短视频账号能否爆火的关键。

Q：我的账号的短视频内容、拍摄都非常到位，就是没有播放量、互动量，该怎么办？

A：你可以选择进行一次简单的作品推广进行测试。 可能你的账号之前作品数据不理想，在发布高质量作品时就会受到一定影响。 使用作品推广，就相当于补考，跳出原有的短视频数据，重新进行测试。 如果使用作品推广后的数据较好，再发作品时适当持续使用，然后慢慢撤出，就可以将你的短视频账号数据恢复正常。 如果使用作品推广后的数据还是不太好，那就是作品本身的问题，你可以在本书中寻找突破口，在短视频内容中添加一些技巧，吸引观众。

Q：公司应该设立官方账号，还是只用个人账号即可？

A：如果你是一个产品供应商，有自己自主研发的产品，希望在短视频平台进行售卖，那么，建议设立官方账号，而且建议设立企业官方账号。 因为企业官方账号都有自主填写信息报名的功能，可以在无形中帮助你获取更多意向客户。 当然，这里有一个前提，就是你的官方账号必须火爆起来，如何让自己的官方账号变得火爆呢？简而言之，就是"拟人化"，你可以给自己的产品设立一个小 IP 形象，以它为主角进行短视频内容创作。 正如提到天猫就能想到那只黑猫，提到京东就能想到那只可爱的小狗一样。 除此之外，也可以选择先建立公司个人账号矩阵，让员工发挥自身能动性，先做公司的宣传员，等员工的短视频账号火爆后，再通过活动，将粉丝引导到企业账号上，进行宣传和销售。

Q：短视频剪辑软件有哪些？

A：手机上的短视频剪辑软件，一般比较常见的有快影、小影、快剪辑、剪映等。 如果你选择用计算机进行剪辑，也可以选择爱剪辑、会声会影、Premiere Pro 等专业剪辑软件。

Q：为什么短视频内容创作需要保持垂直？

A：举个例子，如果一家店铺今天卖包子，明天卖衣服，后天给人看病，你肯定不知道这家店铺的主营业务是什么，也不会记住这家店铺。 如果一家店铺数十年只卖包子，而且把包子卖出了花样，越来越专业，你肯定能快速记住这家店铺，再想吃包子肯定会来这里。 就是这个道理，在短视频内容创作中保持垂直，就是在锁定观众，进而让观众快速记忆和了解你的短视频内容，等到他们需要时，则会第一时间找你。

Q：什么样的产品适合做短视频营销？

A：一定是孤本，即在其他平台都没有销售过且其他短视频账号也无法找到的产品。这样的产品更适合通过短视频平台让更多人认知。除此之外，价格最低、货源稳定、存货量大、质量非常好的产品也可以通过短视频进行营销，能够给到观众最大的福利，快速收获一大批人的追随。

Q：教育类、体育类产品，适合在短视频这个平台进行营销吗？

A：教育类、体育类产品更适合通过短视频这一平台进行品牌曝光，即让更多人认识你的产品即可。针对这样的产品，短视频账号的作用，应该以刺激更多人认识你的产品和对你的产品产生兴趣为主。毕竟，这样的产品一般客单价比较高，因此观众进行购买决策时考虑的周期比较长，考虑的问题比较多，直接成交的概率不会太大。因此，当有人在短视频平台对你的产品感兴趣后，则可以引导到客服微信、QQ等针对问题进行详细解答，进而完成销售转化。

Q：短视频内容创作可以获得收益吗？

A：可以，但这是一个很漫长的过程。目前来讲，通过短视频内容创作获得收益的方式大致有这样几种：①通过流量。即当你的短视频账号火爆后，你就会接收到各种商品厂家的产品推荐邀约，你就可以获得收益啦。②通过广告。有短视频平台针对粉丝超1万以上的账号开通了在作品里植入广告的功能，你可以开通此功能取得收益。③开通店铺。如果你的短视频账号比较火爆，而且短视频内容比较垂直，便可以通过在作品中推荐商品关联自营店铺的方式进行售卖，也可以通过直播挂"购物车"的方式进行售卖。④付费课程。如果你创作的是知识输出类的短视频内容，则可以通过上架付费课程的方式获得收益。

Q：如何快速获得粉丝和互动？

A：如果你是一家企业，新注册短视频账号后，可以率先告知自己的既往客户以及微信公众号、销售个人微信号中的用户。这批人，就是你短视频账号的初始用户，他们可以为你的短视频账号生产口碑，从而带动更多人对你的短视频账号进行关注。之后，你可以通过连续发布高质量短视频内容的方式，获得更多人的关注。如果你是个人，那么在注册短视频账号后，可以通过发布高质量内容＋转发给亲友的方式，快速获取更多人的关注。

Q：我有很多内容要输出，但是短视频平台有长度限制，我可以把语速调快吗？

A：不提倡，短视频能够被人完整观看是前提。调快语速并不能让观众快速接收到你短视频中想要传递的内容，观众不能准确接收到你想要传递的信息，自然也就不会选择持续关注了。切记，在短视频内容创作中，让观众完整、准确接收到信息是关键。如果想要传递的内容比较多，则建议按照模块和话题将这些内容划分开来，每期传递一个主题即可。

Q：戴眼镜录制短视频时发现镜片反光该怎么办？

A：第一，可以选择专业的暖光灯；第二，可以尝试用纸将灯泡罩住，这样也能起到将灯变成暖光灯的作用。如果还是无法解决，那么就是灯光角度的问题了。这就需要你细致地调试灯光角度，直到不反光为止了。

Q：进行短视频录制时，字是反的该怎么解决？

A：有两种解决方案：方案一，直接用前置摄像头，然后将镜头调成镜像即可；方案二，即先录制好内容，然后利用剪辑软件中的镜像功能进行调整。

Q：发布完作品后，如何才能让更多人快速找到我的视频？

A：除了发布高质量的短视频内容、争取平台推荐获得更多关注之外，你也可以在短视频的封面标题中做文章，可以在封面标题中将关键词填写进去。例如，你创作的短视频内容是关于儿童教育中如何为孩子挑选绘本的内容，那么就可以将"绘本""儿童绘本"这类关键词植入封面标题中。这样，观众在搜索寻找答案时，自然就能够检索到你的短视频内容。

Q：可以到短视频大号直播间购买坑位，推广自己的产品吗？

A：在揭开这一问题的答案前，首先要问自己一个问题："我的产品在大号直播间大卖的原因是什么？"观众购买的原因无非就这两种：第一种，价格便宜，质量不错；第二种，在其他地方买不到，只能这里可以买到。如果你的产品符合这两种原因，且库存不低，那么就可以选择尝试。如果不满足这两种原因，建议不要进行尝试。

Q：选择在短视频大号直播间进行产品推广时该注意什么？

A：首先，直播间的定位要与你售卖的产品相吻合。例如，你售卖的是4～6岁儿童绘本，那么就需要寻找4～6岁育儿类、家庭类的短视频大号直播间进行售卖。又如，你售卖的产品是鸡尾酒，那么就需要寻找年轻人居多的短视频大号直播间进行售卖。其次，在选择前，你可以让对方调取自己账号的粉丝画像，进行核验。再次，在决定正式推广你的产品前，你还可以去直播间观看，看这个直播间既往产品成交的单数是不是有固定的购买人群。最后，最好选择同类产品比较少的时段进行推广，因为观众的购买力是有限的，如果大号直播间长期都只卖不同品牌的同类产品，那么观众也会陷入麻木状态。就像有人让你连续吃一个月不同饭店里做出的包子，相信再好吃，你也会觉得不好吃。此外，直播推广收益与投入并不一定正相关。建议第一次推广时进行小规模风险测试。如果效果好，再进行追加投入。切忌将所有赌注都压在一次直播间的推广上。

Q：进行短视频内容创作有必要建立一支团队吗？

A：如果你的公司处于早期的发展阶段，而且你以及你的团队对短视频运营和变现都没有一个清晰的思路，那么建议先找一两个人进行摸索，这样不仅能节省大量不必要的开支，还能起到灵活变动的作用。而且，一旦方向错误，可以及时进行纠正。等到你的短视频账号粉丝量积累到一定程度，再增加专业的短视频剪辑、客服运营人员等，这样可以少走弯路。

Q：短视频账号在什么时间段开始直播比较合适？是越早开越好吗？

A：答案一定是否定的。短视频账号直播，需要一定的粉丝数作为基础。如果你是零基础，没有任何直播的功底，建议你从粉丝量为5000～10000时就开始尝试直播。因为这样能够给你以及你的团队留下足够的试错时间。当粉丝积累到5万甚至10万、20万……，你就可以直接进行直播售卖了，从而可以避免早期因为对平台的熟练度不够以及对直播节奏的把控不足，而造成不必要的损失。

Q：短视频账号发布了一阵子作品，感觉效果不好更换领域可以吗？

A：如果你在注册短视频账号后，已经发布了一段时间的作品，但发现播放数据不理想，自己也逐渐失去了对这一领域的兴趣，真的不想再发布相关的短视频内容。那么，这时就可以选择放弃，进而更换其他领域的内容进行发布。

温馨提示：千万不要以为更换了短视频内容领域，账号就此终了了，就无法获得更多播放量、互动量了，这是极大的误区。没错，短视频账号是需要内容保持垂直，那是在你的短视频账号播放数据已经稳定，且拥有足够多的粉丝数的情况下。如果你的账号还处在内容发布测试的早期阶段，那么是可以更换内容领域的。值得注意的是，为了给观众一个更好的感官体验，你可以在更新新的领域作品前，将往期无关的作品转为私密。

Q：一个人可以进行短视频内容创作和运营吗？

A：当然可以。事实上，有很多短视频账号都是一个人进行内容创作和运营的。只要你保持对短视频内容领域的深耕，相信你一定会收获想要的结果。

Q：短视频发布后自动转为私密或被删除了是什么原因？

A：可能是你的短视频内容在其他账号内发布过，或短视频内容涉及了一些敏感的话题，这时系统就会按照具体情况将你的短视频内容转为私密或直接删除。碰到这种情况无须过度担心，只要找到原视频，反复观看，就能看出端倪。

Q：短视频账号违规了该怎么办？

A：短视频账号违规，其实并不影响你发布的作品上热门，只要你的作品质量过硬，那么依旧可以被官方推荐。账号违规，你只需严格遵守平台规范，保证高质量内容的短视频持续更新，你账号的分数和限制情况自然就会得到缓解。

Q：短视频作品多长时间发布一次比较合适？

A：短视频内容其实不需要每天都要发布，更重要的是短视频内容质量一定要过关，只要内容质量足够好，那么间隔多久发布一次都是没问题的。不过，为保持短视频账号的活跃度，一般建议每周发布 3 条即可。

Q：短视频内容创作时灵感枯竭该怎么办？

A：没错，在进行短视频内容创作时，的确会遇到"灵感枯竭"的时候。这就需要平时加强对素材的寻找和挖掘。你可以在手机里自建一个素材库，例如，印象笔记 APP 就是不错的选择。每当遇到好的素材、灵感和文章时，都可以在印象笔记里记录下来，为创作短视频内容提供灵感。

Q：可以搬运别人的作品进行发布吗？

A：现如今短视频平台为了确保自身平台质量，一般情况下都不会允许直接搬运。但如果你要做的是电影、电视剧测评，新闻评论类的短视频账号，则可以在搬运视频片段的同时，进行二次创作，例如，增加一些个人的观点及见解。这样二次创作后，相信一定会收获更好的效果。

Q：什么是优质的短视频内容？

A：在进行短视频内容创作时，都在寻找最优质的内容，那么问题来了：到底什么才是优质的短视频内容呢？一般来讲，同时满足有料、有趣、有态度这3点就可以了。有料，是指有新鲜、罕见的内容进行输出；有趣，是指输出的知识比较有意思、幽默，观众都非常喜欢；有态度，即表明了创作者本身的看法，植入了创作者的智慧。当然，数据也是衡量短视频内容质量的指标。一般来说，播放量破万的短视频内容就算是比较好的。

Q：为什么内容形式差异不大的短视频账号，粉丝量却相差甚远？

A：这个问题，就跟你问老板"为什么我和他能力差不多，他却被提拔当主管或经理"的感觉是一样的。在短视频平台的早期阶段，由于内容的匮乏，只要内容完整度高、画面清晰度高，就都会被推荐。而到了今天，由于短视频平台内容的丰富度较高，以前那种图片拼接＋音乐以及不出真人的形式正在逐渐被淘汰。如果只是内容形式差不多，但你没有呈现足够完整、新颖的内容，则不会再被平台青睐和推荐。

Q：短视频内容创作怎样做才更容易上热门？

A：这几乎是每一位短视频内容创作者都会进行询问的问题，而最终似乎都没有什么实质性的答案可以给到。就笔者观察而言，首先，画面清晰、主题鲜明是基本原则；其次，在短视频内容中要存在一个高潮部分，一定要让观众在观看完以后能够为你的短视频点赞或评论互动，如果还能够让观众有所收获，增长某方面的常识或知识，就更棒啦！这样才有机会上热门。

Q：该不该离职专门从事短视频内容的创作？

A：不建议。毕竟，一个账号从注册到火爆，是有一定概率的。而且，谁也说不准到底你的短视频账号内容什么时候能被引爆（即获得大量粉丝＋

播放量）。因此，不建议盲目离职专门进行短视频内容创作。你可以把它当作一个副业，慢慢做，等真的能够通过短视频账号长期获得现金收益后，再考虑离职专门进行短视频内容创作。

Q：想进行短视频内容创作，可是无处下手，不知道拍什么怎么办？

A：你可以参照第 1 章讲述的内容，为自己做一个定位。也可以先从身边的事物入手。例如，记录自己一天的生活、记录一日三餐。这样一点点发现、总结生活中的美好，进而寻找突破口，找到属于你的短视频内容和方向。

Q：短视频内容完播率总上不来该怎么办？

A：完播率主要和短视频内容有关，你可以参考第 3 章的内容增加一些技巧到你的短视频内容中。当然，最简单的方式就是在短视频的开头、中心处连续抛出悬念和问题，在这些悬念和问题的牵引下，你的短视频完播率便会自然而然地逐步增长。

Q：短视频内容播放量不高该怎么办？

A：播放量主要是和短视频的封面及封面标题有关。本书第 2 章便着重讲解了短视频封面标题的撰写方法及提升播放量的技巧。此外，如果想要提升短视频内容播放量，你还可以从封面的颜色上入手，尽可能将一些比较亮、比较抢眼的颜色设置成封面。切记，标题要简洁有力，留有悬念。

Q：短视频内容互动量、评论量不高该怎么办？

A：互动不足可以参考本书第 4 章和第 5 章中的内容。这些数据不高主要与内容缺乏爆点、观点不明朗，没有激起观众的认同感有关。可以通过提升反差、表明立场、利益绑定等多种方式对内容进行调整。

Q：账号早期没有粉丝和播放量该怎么办？

A：专心提升内容质量，这是想要在短视频平台突出重围，获得大量粉丝和播放量必须做的事情。你可以通过搜索关键词的方式，寻找与你账号相关的短视频账号进行参考，从而调整你的短视频内容。每期内容发布后，可以根据本书 6.5 节的内容监测数据。随时对短视频内容进行调整。

Q：现在注册短视频账号，进行内容创作晚吗？

A：任何时候注册短视频账号，进行内容创作都不算晚。虽然短视频平台被越来越多的人青睐，但是真正的优质内容少之又少。我们可以发挥想象和创意，创作出更多优质作品，其中可以发挥的空间依旧巨大。

Q：我想推荐我的产品，但又不想让人看出我是营销号该怎么做？

A：有两种方法：第一种，将产品的卖点以及你的意向客户最关心的问题提炼出来，采用"抛出问题＋给予解决方案＋得出结论"这种内容形式进行输出即可；第二种，将用户最关心的问题提炼出来，将它们创作成小故事。

Q：进行短视频内容创作需要大量的推广费用吗？

A：早期其实并不需要大量的推广费用。短视频平台本质是一个通过建立"信任"并形成商品买卖的平台。你只需找专人用心将短视频内容打磨好，提升粉丝量，提高作品的播放量就可以了。一般来说，短视频内容做到有料、有趣、有态度即可。只有在后期直播变现时，才涉及适当的推广费用。

Q：做短视频是先做直播还是先发布作品？

A：短视频平台本质上是一个依赖粉丝和信任的平台，唯有产生信任才能促成成交、产生更多互动。因此，建议通过作品建立你与观众之间的联结，先发布作品，然后等作品数据、粉丝数据达到一定程度后，再进行直播。这样，会极大地提升直播效果。

Q：做短视频需要同时注册多个账号吗？

A：这个要根据当前你掌握的资源程度决定。假如你旗下拥有数十人，那么就可以根据自身想法，多个账号并行使用。采用赛马的原则，进行短视频账号运营。如果手中的资源不足，那么可以率先注册一个账号，先将这个账号摸索出固定的调性、内容架构、变现途径后，再进行批量复制。

Q：所有人都可以进行短视频内容创作吗？

A：答案一定是可以。短视频内容创作并没有固定的门槛。并不是说非得名校毕业才有资格来做，也不是说非得考取什么资格证才能来做。只要你有创作短视频内容这个想法，并且渴望一直钻研下去，那么就可以开始行动啦。

Q：短视频账号删除内容会影响账号吗？

A：其实，删除往期的短视频内容对账号并没有特殊的影响，如果喜欢，你可以把既往发布的所有内容都进行删除。但是要知道，你的账号内之前有一批粉丝可能是因为你既往的短视频内容而进入并选择关注的，对于这部分人来说，删除既往视频会让他们无法查找到想要的内容，因此对这部分粉丝，是有一定损伤的。

Q：穿云箭是直播间推广吗？和作品推广有什么关系吗？

A：没有任何关系。穿云箭只不过是短视频平台为了活跃直播间气氛而设置的一种礼物，是作为观众喜欢主播自发送上的礼物。的确，你送上穿云箭后会给直播间带来一些人气。那也是因为这个礼物自带站内公告而已，和直播间推广与作品推广功能没有任何关系。

Q：如何拟定短视频标题？先拟定标题还是先制作内容？

A：一般建议在进行短视频内容创作前，就先将标题拟定好。因为标题相当于短视频内容的梗概和方向，你只有先拟定好标题，才能明确地知道自己的内容到底应该拍摄什么。此外，标题拟定好后，你就大概已经知道内容的结构是什么了。如果先拍摄内容，很容易陷入不知所云的境地，也会让自己在拍摄时抓不住内容中心。

Q：在进行短视频内容创作时，如何设定高潮和冲突？

A：最简单的方式有两种：第一种，情绪堆积。情绪堆积，顾名思义，就是将事件主人公逼到绝路，激起观众对主人公怜悯或抵触的情绪，等情绪到达顶点，自然就会形成爆发，这需要你在短视频的前半段做好足够的铺垫。第二种，急速转折。就是让大家本以为你要说A，而且已经沉浸在A的情绪中，实际上要传达的是B。这就要求你在烘托A情绪时要让观众彻底沉浸。然后，再通过主人公的一句话或一件事，进行转折，这样才能达到良好的效果。

Q：如何选择短视频平台？

A：现如今主流的短视频平台有两个：快手和抖音。在短视频平台爆火初期，确实有抖音平台偏向知识传递，快手平台偏向娱乐化一些的说法。而现在，随着短视频平台之间的竞争加剧，这样的差异正在逐步缩小。因此，建议如果有足够资金储备、商品比较高端、有一定知识技能输出的企业可以先尝试抖音。其余的，可以先从快手开始。

Q：微信视频号值得加入吗？

A：如果你的企业有一定用户群基数，且产品是基于熟人关系进行购买，还具备一定的知识门槛、想要通过微信公众号形成从用户引流到购买的闭环，那么建议加入。因为这是最直观、最快速的通过熟人关系推荐进行信息扩散的方式。而且，它还可以帮助你将客户从视频号引流到公众号，进行二次营销和最终的付费转化。

Q：短视频主播应该选择什么样的？

A：其实这个没有固定的框架。如果你的短视频账号偏向销售，那么就需要寻找懂产品、喜欢交流、懂销售、相对比较开朗的人当短视频主播。这样更加便于后续的直播间销售环节和销售额的提升。如果你的短视频账号偏向内容创作、剧本剧情，那么就需要寻找跟你的剧情和内容比较匹配的人当短视频主播。如果你的短视频主角设定是厨师，那么就需要找厨师。如果你的短视频主题环境设定是减肥或大码女装搭配，那么找胖一点的人当主播就比找瘦小的人更加合适。

Q：短视频内容创作需要跟风拍热门段子吗？

A：如果你的短视频账号已经形成了固定的风格和调性，已经拥有了一批粉丝和不小的播放量，那么建议不要跟风，坚持自己的内容创作即可。如果你的短视频账号处于内容发布的测试期，而你的短视频账号的内容属性和热门段子差不多，那么建议跟风拍摄一下。没准儿会收获意想不到的惊喜。

Q：发视频需要加地理位置吗？

A：如果你想让同城和附近的人看到你的短视频内容，那么就可以在发布短视频内容的同时增加地理位置。这样，系统就会自动将你的短视频推荐给附近的人或同城的人。这样更能增加信任感。当然，在增加设置地理位置的同时，注意选择在闹市区或标志性建筑旁，这样能避免过多泄露个人信息。

Q：短视频背景需要固定吗？

A：一般情况下，最好固定背景。因为短视频封面一般都是从内容的动态帧中节选的，这样你这个账号整体看起来就会非常整洁。如果每个短视频背景都不同，截取的封面背景也不同，那么整体看过来，就会给观众一种凌乱感，自然也就不方便观众进行浏览。

Q：为什么我的知识类短视频数据总是起不来？

A：知识类短视频最重要的就是拉开认知梯度，让观众通过观看后能够真正地有所收获。因此，这类短视频数据迟迟不能上升，一般分为两种情况。第一，讲述问题的具象性。具象性，即你的话题、你的标题，应该一看就让人联想到问题场景。例如，你想要传递的是如何在职场上应对人际关系。那么，标题为"汇报公作被抢功怎么办"远比将标题取成"职场遇到小人怎么办"要好得多。第二，你给出的答案要切实有效。例如，最令家长头疼的问题就是孩子写作业磨蹭了。这时你给出的答案如果是"让孩子自主列表、自主划分时间，固定好什么时间该做什么"这类常见的答案，观众肯定不会买单。但是如果你要给出"利用时间沙漏""利用奖励刺激"等这些具体的操作方法，而且你提供的方法应该做到既切实可行又不老生常谈，那么效果就会好得多。总之，你给出的答案一定要涵盖具体操作步骤，要切实可行。

Q：发布短视频时添加热门话题有用吗？

A：其实是有效的，但这里也有一定的添加技巧。首先，你要添加与你短视频内容相关的热门话题，这样有助于强化你的作品标签。例如，你要发布的内容是育儿的，就要添加与育儿相关的话题。其次，你添加的话题要与内容吻合。例如，话题是全民一起舞龙舟，那么你的内容就要与舞龙舟有关。当然，到这里可能有人会问："我的领域很少出现热门话题或活动话题，我该怎么办？"答案很简单，大家在搜索想要看的内容时往往还会搜索热门的关键词。你将这些关键词作为话题，在发布内容时植入进去即可。例如，你要发布的是一条教家长如何挑选小学的短视频内容，就不妨在发布短视频内容的同时植入"择校""幼升小"这样的关键词，也能起到一定的引流作用。

Q：提词器是什么？真的会提高拍摄效率吗？

A：提词器就是替代主播记忆稿件的工具，可以让主播或主角在不记得稿件的情况下进行短视频录制（即一边看提词器、一边口播）。使用提词器在一定程度上是可以提高拍摄效率的，安装好后，主播可以通过看提词器进行口播，录制短视频。当然，这里有一点需要注意，提词器一般都是固定在某个位置上的，如果你的短视频内容是多人演绎的，或者有一些特定的故事情节，那么提词器的作用就不大了。还是需要靠主播或主角记住台词并进行演绎。

Q：如何进行短视频内容形式的创新？

A：很多账号在爆火了一次后，会猛然发现我的粉丝数和播放量不涨了、不高了，这时，就需要对短视频内容和形式进行二次创新。那应该怎么做呢？其实也很简单，一般来说分为以下几种：①平台转移。就是将其他传统平台的栏目形式转移到短视频平台上来。例如，电视里有真人游戏、侦探、破案的栏目，你可以将这些元素搬到短视频平台上来，同时进行适当创新；②视觉升级。当你发现你创作的短视频内容无法满足平台观众需求，但一时又不知道该如何进行突破时那么就先进行视觉升级，可以更换拍摄场地或换一件拍摄的衣服。暂时将原本简约的拍摄环境升级一下，这样也能起到让观众耳目一新的感觉；③更换表达方式。如果你以前的形式是口播，那么可以换成对话或情景演绎的方式，这样，同样能够让观众耳目一新。

Q：如何通过短视频获取客户？

A：短视频平台比较支持的行为是，在平台内直接进行商品交易。你可以通过直播时挂"购物车"进行售卖、上架付费课程、发布短视频时链接"购物车"对商品进行售卖。而如果你想要针对这部分购买人群进行二次营销，则可以根据观众购物后留下的个人信息进行回访。在回访中，可以通过关注公众号、添加客服号等多种形式将客户导入你的私人流量中，从而促成二次营销。

Q：短视频账号互暖真的有用吗？

A：其实，这是一种治标不治本的方法。坦白讲，互暖其实没什么用。互暖，顾名思义，就是找一批人为你的短视频账号点关注、点赞、评论，当然为了回馈，你也得为他们的短视频账号点关注、点赞、评论。这些数据是你换来的，而不是平台用户喜欢你的短视频内容而进行的自主操作行为。看上去短视频账号好像火了，实际上并不是那么回事。当有一天，你不与他们互暖，自然也就失去了这些数据。与其把心思放在互暖上，不如深耕短视频内容，通过内容吸引更多人点关注、点赞、评论，这样你的短视频账号才会更持久、更容易实现变现。

Q：短视频播放量还可以但就是不涨粉，这是为什么？

A：这个一定是短视频内容的问题。你可以根据本书 6.4 节讲述的内容查阅具体哪一个数据出现了问题，从而进行相应调整。不过，一般来讲，还是内容的实用度上出现了问题。这就好比有些作品是白开水，虽然喝了解渴、人气也很高，但对观众长远来讲并没有什么实质的好处，观众自然也就不会进行关注了。当然，也不排除你的账号注册时间比较短，刚刚被引爆。针对这种情况，你可以等待一段时间，等更多账号内容被引爆后再观测粉丝的增长情况。

Q：短视频作品数据很好，但直播间人气低，这是为什么？

A：很可能会出现两种情况：情况一，你的粉丝根本就不知道你这个时间段在进行直播，在进行直播前一定要投放一个"通知我的粉丝"的通知，通过观测进入直播间的人数，就可以推测出我的粉丝进入直播间的概率。情况二，作品内容和直播内容不符，例如，你的作品内容偏向于育儿、家庭教育、萌娃等，而你却要在直播间内讨论"电灯销售""电子产品修理"，粉丝当然不会感兴趣，自然也就不会进入你的直播间。

Q：我的短视频账号很平庸，该如何提高辨识度？

A：提高短视频内容辨识度的方式主要有以下几种：①语言风格。例如，你可以采用方言、文言文等自带特殊风格标记的语言进行短视频内容创作。②衣服、配饰。你可以搭配一些搞怪的配饰和衣服增加辨识度，如迪士尼主题、侦探主题等。③传递知识的深度。你也可以创作一些详细解析你的专业知识的短视频内容，这样不仅能提高观众对你的认知，还能树立独有的内容辨识度。

Q：我没太多时间，怎么做短视频内容？

A：关于这个问题，本书第 7 章专门讲述了如何快速使用短视频内容架构进行创作的方法，你可以挑选适合自己的一种进行创作。此外，你还要养成平时收集短视频素材的习惯，将与自己短视频账号相关的图片、文章、故事都记录下来，也可以记录生活感悟，这样才能在进行短视频内容创作时拿来就用。

Q：进行短视频内容创作时应该考虑内容深度吗？

A：从长远发展来讲，的确需要考虑内容深度。随着平台内容的日趋饱和，谁越能让观众吸收到更多知识，甚至改变命运，谁就越能收获更多人的追随。而短视频平台不像学校和书本那样需要极高的学术造诣才行。在短视频平台上进行内容创作考虑的内容深度，一般都是结合平台上观众可接受的范围进行编写的。内容的深度，既不能让观众觉得接受起来费劲、思考过多，也不能太过浅显、阐述观众本来就懂的问题。介于两者之间的这个程度，才是在短视频平台创作时需要进行考虑的内容深度。简单来说，做到以下几点就可以了：①用通俗易懂的语言阐述深奥的逻辑，同时替代学术用语；②在讲述逻辑时，要循序渐进、分模块进行阐述，不能产生知识跳跃或拥有需要特别思考才能想通的部分；③最好在创作完以后，先给家人看一遍，看家人能不能看懂你的短视频内容。如果能，那么恭喜你，已经完美解锁了这一技能。

Q：短视频内容创作需要脚本吗？

A：当然需要。正如一部缺乏剧本的电影根本无法拍摄一样，一个缺乏脚本的短视频内容，也是进行不下去的。拍摄短视频没有脚本，会造成以下几个问题：①内容主旨不明确，容易跑题；②主播或主角不知道如何配合；③观众接收不到你想要传递的核心信息。因此，在进行短视频内容创作时，一定要先撰写好内容脚本（即文稿）。这样拍摄起来，大家才会自动地各司其职，进而呈现清晰的作品。

Q：该如何快速找到自己的短视频账号定位？

A：你可以先给自己的短视频账号设定几种不同的风格、不同的内容形式、不同的画面呈现形式。然后，将这些全部拍摄出来，并在每天的同一时刻进行发布。发布后，锁定同一个周期，观测这些短视频内容的播放数据。例如，如果这些内容拍摄好后都是在每天中午12点进行发布的，那么你就可以设定12点到第二天12点这个周期统计数据。当所有作品都按照这个周期统计完数据后，你就可以看到哪一条作品受到短视频平台上观众的欢迎了，然后你只需按照受欢迎程度最高的那条短视频内容和画面呈现形式进行持续拍摄即可。当然，找到了这个方向后也不是一成不变的。随着短视频平台的发展，你也需要适当地进行调整。当观众审美疲劳，发现账号内数据下滑比较严重时，这时你就需要按照上述方法重新操作一遍，给自己账号重新定位。至于该如何为自己的短视频账号进行定位，可以参考本书第 1 章的详细阐述。

Q：刚发布的作品找不到了是什么情况？

A：在发布短视频内容时，经常会碰见发布后找不到作品的问题。不要慌，刷新几遍页面，查看一下是不是由于网络的原因导致显示延迟了。如果观众能看到，而你自己看不到，那么就不用担心，只需等待片刻再次刷新即可。如果观众看不到你新发布的短视频内容，你自己也看不到新发布的短视频内容，这时就要查看自己的私信和私密作品，看一下是不是触犯了平台的哪条规则被平台限制了。如果上述两种方式都不行，那么就拨打平台的人工客服进行咨询吧。

Q：变现途径是在账号注册之初就思考还是等账号粉丝数据高了再说？

A：如果你是企业，进军短视频的目的只有一个，即开辟线上销售渠道。那么，你需要在账号注册之初，就思考我的定位是什么？我将来要通过这个账号卖什么？我的账号内容怎么做才能和日后售卖的商品具备相关性？我的短视频作品怎么为我日后售卖的商品背书和建立信任基础？如果思考清楚上述这些问题，那么你就可以开始着手进行短视频内容创作啦。如果你是个人，做短视频账号只是为了娱乐和兴趣，那么就不用考虑太多。

Q：短视频账号注销后，凭身份证还能重新注册吗？

A：其实理论上是可以的，但注销后身份证到底在多久后可以重新注册新的短视频账号，这个问题至今在各个短视频平台官方还没有一个非常明确的标准。但是有一点需要注意，你的短视频账号注销后，就真的不存在了，你再也无法登录和使用已经注销的短视频账号。

Q：在短视频内容创作过程中需要不断更换风格和内容结构吗？

A：这个要根据你的短视频账号内的数据决定，如果你的各个数据都比较稳定，而且持续增长，这时只要沿用之前的风格和内容结构就可以了。如果你的短视频账号内数据在持续下降，甚至没有什么新人关注，那么就需要适当地更换你的短视频的风格和内容结构。

Q：什么样的短视频内容才会受到观众长期关注？

A：一定是可以长期提升观众认知，能够让观众保持持续能力增长的内容，观众才会长期关注。这就需要你具备非常丰富的知识储备，同时兼具将专业知识翻译成普通话，甚至口语的输出能力。只要观众觉得你的短视频内容既有意思又能轻松获取知识，自然就会长期追随的。

Q：我想进行短视频内容创作，但确实没有新颖的思路和内容形式该怎么办？

A：你可以从模仿和微创新开始。可以先模仿短视频大 V 们的内容形式和知识输出方式。在模仿的同时，加入自己的总结和心得，甚至将解决问题的方法替换成自己想出来的。这样当播放量和粉丝量逐渐上升时，也就意味着有更多的人开始接受你的总结和心得。之后你可以逐步进行微创新，例如，可以对语言风格、服饰等进行创新，也可以植入小游戏输出内容。总有一天，你会发现自己也成长为了一名短视频大 V。

Q：如何选择短视频封面？

A：在这里，建议选择一个表情夸张、色彩丰富的动态帧作为短视频封面。你只需在上传时，利用短视频平台自带的封面剪辑工具进行选择即可。因为夸张的表情和丰富的色彩能够起到提醒的作用，同时让人一看就知道，这背后一定暗藏着故事，进而产生兴趣，点击视频进行观看。

Q：短视频内容发布需要固定在一段时间内吗？

A：固定时间发布很有必要。这就像买票看电影一样，大家都约定了在一个固定的时间开场，一到那个时间观众自然就会默契地坐到观众席观看。为了让观众与你达成默契，无论是短视频内容发布还是直播的时间都最好固定在一个时间范围内，这样观众到时间就会进来进行观看，达成默契后观众自然会对你产生依赖和信任。

Q：短视频内容需要追热点吗？

A：这个需要看你的短视频账号是什么类型的。如果你的短视频账号拥有自己的主题和风格，如美食类、体育类、三农类、侦探类等，而热点话题又和你的账号所在领域不相关，那么就没有必要迎合热点。如果你运营的是新闻评论类或事件评论类的短视频账号，热点话题与你的账号所在领域相关，则可以适当地追一追热点。

Q：需要在所有短视频平台都发布我的短视频内容吗？

A：如果你的时间、精力允许，那么可以在所有短视频平台上上传你的作品，这样能够测试出你的短视频内容适合哪个短视频平台，从而更有侧重性地寻找最适合的短视频平台进行运营。如果你的时间和精力不允许，则需要锁定一个用户比较多的短视频平台，如快手、抖音，然后通过摸索平台的风格、内容调性进行短视频内容的深耕。

Q：短视频内容发布后需要与粉丝进行互动吗？

A：要知道短视频平台是依靠信任关系产生的关注和购买，因此非常有必要与粉丝进行互动。这样，不仅能够增进你与粉丝之间的感情，快速建立信任感，更能够帮助你找准粉丝的喜好和困惑，从而更好地进行短视频内容的创作。

Q：我的短视频账号掉粉厉害该怎么办？

A：几乎是所有短视频账号，在爆火后，都会经历一个掉粉的时期，这属于正常现象。毕竟，观众也有审美疲劳的时候。你只需保持平常心，持续创作出更好的短视频内容，不断地争取平台更多的推荐，吸引平台上的用户，就会平稳地度过这个时期。

Q：我是新人短视频编导，该如何快速上手？

A：拆解爆款内容脚本。如果你初次接触短视频，那么你最应该做的就是找到热门视频，然后拆解它的内容结构。按照开场白、铺垫、正文、结尾这四大结构将短视频内容进行拆解。每天拆解一个，久而久之你就能总结出很多的撰写模板和短视频撰写套路，进而为自己所用。

Q：文化程度不高适合做短视频吗？

A：短视频内容创作并没有什么学历门槛，并不是说小学生、初中生就不能从事短视频内容创作。其实，只要你喜欢短视频内容创作，而且又乐于钻研，想要吸引更多人的关注，就可以进行短视频内容创作。如果你只是想记录生活，那就更应该进行短视频内容创作了。但如果你想通过短视频赚到钱，那么就需要一定的运营手段了。而对这样的运营手段，人人都可以学习。你只需具备拆解热门视频、复盘（即总结）既往视频的能力，就可以总结出短视频制作经验。

Q：公司里没有其他人，老板只让我一个人做短视频，靠谱吗？

A：任何新项目的试水都是从一两个人开始的，因此人少并不是问题。问题是你需要真正静下心来，对短视频内容创作进行深入的研究，然后拿出一定的结果反馈给你的老板。这样，你的职业晋升和学习速度才有可能被提升。

Q：短视频时长越短越好吗？

A：短视频时长并不是说越短越好，而是说在创作短视频的早期不太擅长内容创作，无法吸引观众持续观看，完播率没有提升前，有必要适当地缩短短视频时长以起到提升完播率的作用。当然，如果你创作的短视频内容完播率较好，或者你的短视频内容需要花上一两分钟才能全部展示完毕，缩短时长会导致你的短视频内容不完整，那么就没必要缩短短视频时长了。

Q：短视频语言书面语好还是口语好？

A：短视频语言一定要是口语化，因为短视频文案属于偏向剧本的范畴。而剧本就一定是由人进行演绎。因此，你创作的短视频内容一定要更加口语化，这样不仅可以方便主角们进行演绎，还有利于你的观众接收到有用的信息，进而让你的短视频内容更加广泛地被流传。

Q：什么是 MCN？什么是公会？有必要签约吗？

A：MCN 类似于经纪公司，它会帮助艺人完成从普通人到明星的蜕变，甚至还可以为明星实现商业变现，你就相当于它的员工，为它服务、为它工作，赚取工资。而公会，更像是一个家庭，虽然它也可以帮助你完成从普通人到明星的蜕变，但更多的是依赖于平台本身。在公会合作模式里，你相当于它的合伙人，它会与你签约，然后在直播礼物、广告方面与你进行分成。而随着互联网的日益繁荣以及经营模式的演变，MCN 和公会的区别其实已经没有太大。你可以把它理解为包装你、孵化你的经纪公司。而如果你想要签约，一定要擦亮眼睛，看清楚合作条款你是否能够接受？违约金大概是多少？限制你去做的事情有哪些？你要履行的责任有哪些？记住，量力而行。

Q：短视频选择在什么时间段发布比较好？

A：这个问题要看你的短视频类型。如果是抒发感情或讲解人生感悟的，一般放在晚间发布比较合适。如果是知识类或搞笑类，那么放在白天则比较适宜。当然，也可以尝试在早上 8:00、中午 12:00，晚间 17:00、18:00、

20:00、22:00 分别发布一条短视频内容，观测下你的内容具体在哪个时间段比较受欢迎，从而确定发布时间。

Q：如何得知我的账号被限流了？

A：如果你的既往短视频一直都是几千、几万的播放量，而这段时间突然变成了几十，那么就有可能被限流了。遇到这样的事情，不要惊慌、紧张，只要坚持发布高质量的作品，等过一段时间作品的播放数据自然就会回升的。如果坚持一段时间数据还是没有上涨，你也可以模仿一些热门短视频的内容结构进行拍摄、尝试。总之，高质量的内容永远是获得大批流量的关键。

Q：短视频内容创作中加特效有用吗？

A：其实，特效只是为短视频内容加分的元素，但并不是决定性元素。如果你的短视频内容本身没有什么实质性的内容和干货，那么就算特效做得再出色也是一条毫无任何营养的短视频内容，特效也并不能为你的短视频加分、获得更大流量。如果你的短视频内容本身质量很高、有实质的干货输出、故事情节清晰，那么适当地添加特效，就会起到画龙点睛的作用。

Q：该如何在短视频平台获取我想要的客户？

A：如果你注册和运营短视频账户就是为了营销变现，那么在短视频账号注册之初就需要考虑想要获取怎样的客户？需要考虑客户的年龄、性别、居住地、经济状况等，然后再进行短视频内容创作。如果你的客户是 4～12 岁少儿家长，你的账号想通过上架英文付费课程变现，那么就可以创作一些偏向育儿、少儿英文启蒙的短视频内容吸引这些客户。

Q：进行短视频内容创作有必要学习一些专业剪辑软件吗？

A：如果会专业的软件当然好，但如果你不会也没关系，可以使用手机短视频软件或抖音、快手中自带的短视频剪辑功能。这些软件也足够你进行短视频内容创作了。

Q：拍摄短视频内容选择横屏好，还是竖屏好？

A：这个问题还需要根据短视频平台风格进行决策。如果你发布的平台是抖音、快手，平台上大多数都是竖屏的内容，那么就需要选择竖屏，因为这样更加符合平台用户的阅读习惯。如果你选择的是西瓜等大力支持横屏内容的平台，那么在发布时就需要选择横屏，以符合这个平台用户的阅读习惯。因此，横屏竖屏都是由平台决定的。只要你的内容符合平台上用户的阅读习惯，是官方大力支持的就可以。

Q：视频号、抖音、快手、西瓜、火山，哪个更适合我？

A：如果你想要做基于微信平台的自媒体矩阵，通过短视频、微信公众号、微信群形成营销闭环，则可以选择发布视频号为你的微信公众号进行引流。因为视频号给予微信好友强关系传播，在某种程度上属于口碑传播的范畴，如果你的既往口碑非常好，则很容易被传播、推向热门。如果你想上架、试水付费课程，开辟全新的营销获客渠道，那么选择抖音、快手是最适合的。这两大平台，都可以上架商品，进行直播售卖。如果你想要做长视频，输出更多干货和资信，那么选择西瓜是最适合的。

Q：应该为了短视频的角色塑造而牺牲自己吗？

A：提牺牲自己未免有点儿太严重了，不过短视频平台确实是一个讲究真实、以信任为基础的地方。因此，如果不是公司行为，建议不要因为短视频角色塑造而掩盖自己的真实性格特征，因为塑造出来的永远不是自己。你可能一两期短视频效果很好，但要知道后续还有持续的直播和长期的短视频内容发布，这时你的性格特征、喜好是装不出来的。一旦观众接受了你的定位，在后续接触的过程中你却没有表现出这些特征，观众就会觉得被欺骗，从而取消对你的关注。因此尽量不要为了角色塑造而掩盖自己的真实性格特征。

Q：应该为自己的短视频账号进行实名认证吗？

A：如果你的账号已经拥有数十万粉丝，而且已经有粉丝要求你上架付费课程，或者咨询购买某种商品，那么这时，进行实名认证开通店铺是非常有必要的。如果你的短视频账号没有多少粉丝，每期短视频的播放量也不足几十万，那么就可以选择先把账号做热再说。毕竟，实名认证的机会只有一次。你对账号 A 进行实名认证，但如果账号 B 做火了，这时是没办法再去更改实名账号。

Q：该如何搭建短视频团队？一共需要几个人？

A：这是由公司当前对短视频版块的期待性决定的，如果你对短视频版块的态度是"试试水就可以了"，那么可以先从其他岗位找一两名具有培养潜力的员工进行尝试和摸索就可以了。如果你对短视频版块的态度是"想要重金打造成形的团队",而且当前公司的资金储备也很充足,那么可以选择组建一支团队。团队的人员分工如下:策划+内容编辑1名、拍摄+剪辑师1名、演员1名。早期团队3人足够,后续视具体情况增设运营、编导、化妆、道具等岗位。

Q:短视频团队的KPI(关键绩效指标)该如何设定?

A:如果是从零起步,建议早期团队的KPI围绕播放量、完播量、粉丝数、分享数、点赞数进行设定。如果团队发展到了第二阶段,即开始尝试利用短视频账号进行变现,那么则可以以获客数量、成交数量等作为评定标准。这样,你的团队就可以清晰地了解短视频团队整体的任务指标,从而更有针对性地进行工作。

Q:短视频账号为注册企业账号好还是个人账号好?

A:这个问题,要看你的短视频营销目的是什么,如果目的只是品牌曝光,而且想要从平台中获取客户的线索(即姓名+电话),那么选择企业账号比较好一些。因为企业账号有一个在线预约的功能,可以让感兴趣的客户第一时间留下线索,便于你的后续转化。如果你的目的是直接在平台上售卖商品,那么建议选择个人账号比较好一些。因为短视频平台毕竟是老铁经济,只有让观众看到真人,并且了解到人的脾气秉性,才能够真正地建立信任,从而促成成交。

Q:未成年人可以注册和使用短视频账号吗?

A:根据短视频平台官方的规定,未成年人是不可以注册短视频账号和进行直播的。当然,我们在网上看到的很多未成年人吃播、舞蹈、唱歌、表演等,这些都是由孩子父母进行账号注册、拍摄的,为了培养孩子的爱好,让孩子有一个锻炼和表演的舞台。值得提醒的是,未成年人直播需有亲属陪伴,因此未成年人如果想要入驻短视频平台进行直播,需要在家长看护下才可以进行。

Q:短视频账号播放量突然降低了该怎么办?

A:有些人在发布了一段短视频内容后会惊奇地发现,播放量在经历了一段时间的暴涨后,突然降低了,其实,根本不要为此着急。你只需继续专注于内容创作本身,每天发布更加优质的短视频内容即可。毕竟,伴随着短视频平台的火爆，加入短视频内容创作中的人也会逐渐增多，平台上的短视频内容也会激增，平台也需要照顾到所有账号的内容，以便让更多内容呈现在大家眼前，因此播放数据有所波动并不代表什么，只要保持稳定更新高质量的短视频内容就可以了。当你不断输出更好玩、更有内涵的短视频内容时，你会惊奇地发现播放数据又达到了新的高潮。

Q：短视频账号突然不涨粉了该怎么办？

A：首先查看一下私信或向平台官方打电话咨询，查看账号近期是否遭遇违规的警告或处罚，还可以查看近期短视频的转粉率或播放量。如果是播放量不高，那么就需要首先优化短视频的封面标题获取更大播放量，从而提高粉丝数量。如果是转粉率不高，那么你需要做的就是优化一下短视频内容的实用度和有趣度，给观众一个关注你、查看你更多短视频内容的理由。

Q：短视频内容必须是原创吗？

A：答案是肯定的。任何短视频平台都希望自己的用户上传高质量、原创的短视频内容。到这里一定有人会问："我创作不出来怎么办？"别着急，在这里推荐两种小技巧：第一种，评论法，就是针对近期某一热门事件发表自己的独特观点，录制一条评论类短视频。这样，也能算是原创的短视频内容。而且，只要你的观点比较新颖和实用，平台还会主动推荐你的内容。第二种，微创新，就是模仿一些热门视频，但是在内容形式、表演形式上有所创新，这也可以算作一种新型的原创。

Q：创作短视频内容如何让观众觉得收获满满？

A：这个问题的核心在于"聚焦"。一条短视频内容一定要围绕一个内容进行详细讲解。同时，还要确保短视频内容中没有任何晦涩难懂的词汇，这样观众才能真正接收到你想要传递的内容，从而收获满满。千万不要在一条短视频中谈论三四个话题，那样只能给你的观众一种毫无章法的感觉，从而不知道你真正想要表达的内容。

Q：作为品牌方，在与大主播进行合作时该注意哪些问题？

A：近期都看过找大主播带货被坑的新闻，那么如何才能避免斥巨资找大主播带货却销售不出多少单商品的尴尬情况呢？首先，需要查看主播的直播间受众是否与你的客户群相匹配。如果你售卖的是儿童图书，那么就需要找一些儿童教育类账号的主播进行合作。其次，要向主播查看该账号的用户画像，这个一般登录创作者服务中心就都能查看到。再次，你可以在想要合作的主播直播间多观察几天，查看其成交数据是不是真的，进而再选择合作。最后，针对直播间带货合作，网络上都有相关的数据解析平台，如飞瓜数据等。你也可以选择注册平台，查看和挑选适合自己的主播进行合作。此外，寻找一些直播带货交流群，和群友交流如何避坑也是一个不错的选择。

Q：我看到的一些短视频也不怎么样，但播放量却比较高，这是为什么？

A：要知道这个"不怎么样"，是你认定的，还是的确不怎么样。很多时候你所看到的一些关于家庭日常生活的短视频，也没什么特别之处却上了热门。实际上，是你没看懂其中的原理。事实上，很多日常生活的短视频内容，背后都有着足够的趣味性和看点。例如，父子互呛、父女日常打趣，这些都能够让我们看到其中的美好以及父母与孩子之间斗智斗勇的感觉。因此，才被推上了热门。如果你的短视频也涵盖着足够的趣味性、实用性，那么也可以尝试发布。

Q：为什么别人的直播间能被推荐，而我的却不能？

A：那很可能是你直播时的人气不足，直播间的小红心数量、粉丝团人数也证明了直播间的活跃度和人气。因此，你可以在直播的同时不断提醒观众点小红心、加入粉丝团，转发直播到朋友圈获取更多的活跃度和人气，久而久之这些数据提升后，你的直播间也有机会被官方推荐。

Q：如何避免我的短视频内容被盗？

A：在上传短视频内容的界面，都有一个按钮叫作"个性化设置"。点击进去后，你可以看到"允许别人跟我拍同框""不允许下载此作品""作品在同城不显示"这3个选项。选择"不允许下载此作品"，别人在观看到你的短视频内容时，就无法下载你发布的短视频了。

Q：选择"作品在同城不显示"选项有什么后果？

A：这个主要是影响你的短视频内容的播放量，一旦选择了"作品在同城不显示"选项，则意味着和你在同一个城市的人就无法看到你的短视频内容。从而在一定程度上使你的短视频内容减少了一条播放途径。如果你想让更多的人看到你的短视频内容，则不建议选择此选项。

Q：短视频内容有必要每天更新吗？

A：要知道短视频平台是一个去中心化、内容为王的平台。只要你发布的短视频内容质量足够好，在发布后也能获得一定数量的播放数据，也是有机会上热门的。当然，如果你的短视频内容不够好，那么长期发布低质量内容，也会被官方认定为质量差的账号。因此，在运营短视频账号时一定要以内容质量为主，没必要纠结需不需要每天更新。只要在一周内定期发布，让你的观众形成习惯和记忆，到时间来观看你的短视频内容就可以了。

Q：短视频账号运营途中可以更换主播吗？

A：如果你运营的是个人账号，那么中途更换主播的确对账号是有一定影响，因为此时观众关注个人账号大都是奔着主播个人来的。但如果你运营的是一个企业账号，并且所创作的短视频内容属于一种栏目的形式。观众首先接纳的是这个栏目，以及这个栏目讲述的内容和背后暗含的内涵。那么这时，更换主播就像电视台更换主持人一样。只要接替的主播表现力足够强，一般情况下不会对账号有影响。

Q：已经有一个现成的短视频账号，现在想好好运营还来得及吗？

A：来得及，但你需要进行几步操作。第一步，将胡乱关注的人取关；第二步，将既往随便发布的短视频内容删除或转为私密；第三步，持续发布高质量的短视频内容，且内容深度垂直；第四步，不断优化你的短视频内容，以符合有趣、有料、有态度的标准。按照以上标准，以7～10天为一个周期监测数据，直到账号的播放数、粉丝数、转发数达到心理预期为止。

Q：账号标签是什么？怎么养账号？

A：短视频账号标签用口语化来讲，就是一个账号到底是做什么的，这个账号的属性是什么。如果经常发布学龄前儿童育儿知识、辅食制作的短视频账号，标签就是母婴和育儿；如果经常发布美食制作的短视频账号，标签就是美食和烹饪。至于如何养账号的问题，其实也非常简单，就是持续发布一个领域的内容即可。如果你发布的短视频与宠物相关，那就一直发布这方面的内容；如果你发布的短视频是有关学生早午餐准备，那么就一直发布学生早午餐准备。持续一段时间后，你的短视频账号的标签就会成形。

Q：运营短视频账号需要背诵台词吗？

A：不需要。如果你的短视频口播内容比较多，那么可以选择购买一个提词器解决台词问题。如果你拍摄的是剧情类、段子类的短视频内容，则可以采用列提纲的方式，然后凭借自己的演技现场发挥，这样的短视频内容会更加真实一些。

Q：短视频账号如何设定？

A：短视频账号建议是昵称的缩写或昵称的全拼。这么做有两个好处：第一个，便于观众在第一时间找到你的短视频账号；第二个，增强记忆。

Q：已发布的短视频可以删除重发吗？

A：一般情况下是可以的，删除重发对短视频账号一般都不会有什么影响。但有些短视频平台，会认定删除重发为发布重复内容的。这个就需要亲自去测试，如果一旦被误判为重复内容，就可以拨打官方客服进行解决。

Q：配音不想用自己的声音该怎么办？

A：现在网上有很多文字转语音的软件，你只需打开软件将文字输入进去，点击转换语音的按钮下载转换好的语音文件。再到短视频剪辑软件中，把视频画面和转换好的语音拼合在一起即可。

Q：短视频个人账号和企业账号有什么区别？

A：在内容推荐上，二者并没有区别。但是在细微的功能上是有区别的。具体表现为以下两种：①企业账号认证会有蓝 V 标志，个人账号如果粉丝超过 1 万，认证达人以后就会出现一个橙 V 标志。但是如果是个人账号实名认证，那么则不会有任何标志。②附加功能不同，企业账号可以收集线索、进行预约。同时，企业信息、服务等功能和信息都可以在账号主页显示，而个人账号对这些细节功能则有所限制。

Q：如何让我的账号变成活跃账号？

A：其实并没有养号的说法，也不用觉得账号刚注册后发布内容没有多少人观看就是账号不活跃。如果想让更多人观看到你的短视频内容，并且获得官方的更多推荐，那么就需要专注于深耕短视频内容创作本身。与此同时，每天也可以多看看其他账号，学习他们的内容创作方式，久而久之你的账号播放数据和粉丝数据都会不断提升上来的。

Q：该如何突出短视频的主题？

A：进行短视频内容创作，就像写作文一样，如果想要你的主题突出，那么在拍摄前就应该首先想好你的短视频封面标题和内容主线到底是什么，然后，将短视频封面标题和内容脚本罗列、撰写清楚后，再进行拍摄。这样，你的短视频主题就会被凸显出来。除此之外，你的每一条短视频内容，最好只拍摄一个主题内容。这样，主题就会更加清晰明了地呈现给观众了。如果每条短视频主题超过了两个，那么就会造成主题含混不清、给人一种大杂烩的感觉。当然，你也可以选择在短视频开头、中间、结尾反复强调主题，强化你的短视频主题。

Q：零基础转型创作短视频靠谱吗？

A：要知道短视频营销和短视频运营都是新兴的行业，在此之前没有任何人接触过这个行业，因此几乎每个人在接触短视频之初都是零基础的，所以你大可不必担心零基础转型创作短视频是否靠谱。事实上，就算是短视频平台自身和平台上的大 V，也都是在摸着石头过河。其实大家都在不断地尝试，去优化自己的短视频内容和直播内容。与其担心该不该零基础转型短视频这件事情，不妨把精力集中在"该如何创作好短视频内容""创作怎样的短视频内容观众会更加喜欢"等事情上更为靠谱。

Q：发布短视频时增加定位有助于上热门吗？

A：发布短视频增加定位，有助于平台将你的短视频内容推荐给同城的观众。我们的确看到过有些人增加定位上了热门，但这并不意味着只要短视频内容增加定位就能上热门。但是，如果你经营了一家实体店，想要让观众看到短视频后可以到店进行购买，那么在发布短视频内容时增加定位则有助于观众找到你。除了这项便利，增加定位并不能再提供别的便利。短视频是否能上热门，还与你的短视频内容本身的质量有关。

Q：短视频作品发布第一次不热门，发第二次会有助于上热门吗？

A：在短视频运营的早期，的确存在短视频第一次发布没什么播放量，但是第二次发布播放量却激增的情况。但这并不代表第一次发布不能上热门，必须删除后发布第二次就一定可以上热门。短视频是否上热门，和短视频内容有着直接的关系。如果短视频内容满足有趣、有料、有态度这些基本规则，就有机会在热门出现。

Q：录制短视频内容时声音效果不好该怎么办？

A：如果录制短视频内容时声音较小，则可以选择购买一个无线的麦克风，接收器安装在录制设备上，麦克风戴在身上，这样在录制时声音就会变大。如果是录制时声音比较嘈杂，那么可以选择相对来说比较安静的地方进行短视频的录制。

Q：为什么我拍不出来别人那种大片级的短视频画面效果？

A：这可能和设备本身无关，很多大片级的短视频画面效果是由后期剪辑进行优化的。还有一些是通过灯光、反光板等设备营造出来的效果。因此，你需要提高的是后期剪辑和拍摄手法上的能力，而非更换拍摄设备本身哦。

后　记

几乎所有短视频内容的创作者，在注册账号之初都会遇到那么一段至暗时期。尽管做了很多工作，尽管绞尽脑汁地将各种技巧都运用到了内容创作中去，可是粉丝数、播放数、互动数依旧寥寥无几……

一个账号从 0 到 1，播放量与粉丝量到几个到上百、上千、上万乃至数百万，一路走来，曾经跌入无数的坑摔过无数的跤才获得了最后的成功！我多么希望能够早些将这些成功经验打包给过去，告诉那时痛苦寻觅的自己。

现在，我将这些经验总结并与你分享，希望能够带给同样迷茫的你一丝启迪。因本人能力有限，如果读者在阅读本书的过程中发现有歧义或者不解的地方，请添加我的私人微信 zywyufan，我会为你详细解答。

感谢书中提到的所有短视频大 V 们！是你们的出现，才让我有幸领悟了如此多的短视频内容的创作原理，学习到了各式各样的短视频内容创作形式。每次观看你们的短视频都是一次头脑风暴的洗札、灵感的飞跃和知识的储备。短视频平台因你们的出现而更加丰富多彩！

最后，无论你的短视频运营技巧的高与底、内容创作方法的多与少，最重要的是，马上开始行动！只有亲自尝试、体验，才会发现其中的奥妙和神奇。所以，你还在等什么呢？让我们马上启程吧。你的短视频账号名称、内容都想好了吗？赶快动起手来吧！